疲れず、無理なく
素早い動きに
変わる！

すごい！ナンバ術

日本古来の
合理的運動法

ナンバ術協会最高師範
矢野龍彦

BAB JAPAN

目次

序章　やればわかる！……7
1　ナンバは理解されていない！……8
2　必要だった〝身体の使い方〟……10

第1章　ナンバとは？……17
1　身体の声をきけ！……18
2　ナンバの語源……24
3　ナンバの動き……28
4　ボルトについて少し……48
5　江戸時代の身体操法……52

6 「気を付け」はホントに良い姿勢？……57

第2章 ナンバを身に付けるためのいくつかの考え方……67

1 身体と対話をする……70
2 骨意識で動かす……82
3 ナンバ遊び……91
4 全身を連動させて動かす……100
① 上半身と下半身の連動……103
② 右半身と左半身の連動……110
③ 前半身と後ろ半身の連動……116
④ アーチの連動……121

5 頑張り感を消していく……124
6 痛みをコーチにする……129
7 感性を磨く……134
① 人間観察……135
② 自然観察……139
8 マニュアルは作らない……141

第3章 歩きを考える……147

1 人間はなぜ立ったのか？……148
2 様々な先祖たちの歩き方……158
3 骨格について考えよう……161
4 歩きは学習で身に付ける……163

第4章　ナンバ歩き……181
1　ナンバ歩きに挑戦……182
2　平地のナンバ歩き……189
3　上り下りするナンバ歩き……194

第5章　ナンバ歩きの応用……205
1　ナンバには動きのすべてが含まれている!……206
2　ナンバを身に付けるために……214

序章　やればわかる！

1 ナンバは理解されていない！

情報というのは、たいした曲者です。玉石合わせてピンキリです。発信する側からは、情報が正確に伝わっているかどうかは、伝言ゲームのように曲がりくねるものだと実感しています。皆さんはどうでしょう。相手に情報が正確に伝わらないから、誤解が生じたり、人間関係を複雑にしている現実を実感していると思います。情報を発信するほうの問題なのか、情報を受け取るほうの問題なのか、責任転嫁はしたくないけど頭を痛めるところです。

我々がナンバと取り組み始めたのは、2000年ごろからです。それから、ナンバの研究の成果を本にして出版したり、雑誌の取材に応じたり、テレビで解説したりして情報を発信してきました。かなり世の中に公表したつもりでいても、いまだに取材などで「ナンバは大阪の難波に由来するのですか」とか「ナンバ歩きとは右手右脚を同時に出す歩き方ですよね」などと、チンプンカンプンなことを言われるのには閉口します。我々の言いたいことが全く伝わっていないのだと、世間からハッパをかけられているように感じます。

またマスコミ関係者にも、ナンバの取材に来るのなら、少しくらいナンバのことを調べてから顔を出せと叫びたくもなります。小学生でもあるまいし、ただ何でもかんでも質問すればいいというものでもないでしょう。こんなだから、自分の頭の中には何も残らないのです。自分で調べて解らないところを質問するようにすれば、相手に対しても、少しは誠意が伝わろうというものではないでしょうか。あまりにも無神経な取材者に、開いた口がふさがりません。明らかに勉強不足です。こんなことでは、ろくな仕事はできていないだろうなと心配してしまいます。

20年以上もナンバの研究を中間発表し続けて来ても、世間への伝達度はこの程度かと頭を抱えることもありますが、私たちは決してめげません。物事を伝える難しさを感じながら、それでもいいものは伝え続けなければと諦めていません。一応、ナンバを伝えなければという、使命感のようなものさえ感じています。そこで、現在進行中のナンバ研究を発表しようとこの場をいただきました。これも、中間報告のようなもので、まだまだ発展させていくつもりです。できたら応援してください。

2 必要だった〝身体の使い方〟

私は桐朋学園大学という音楽専門学校に、体育の教員として40年間勤めてきました。音楽専門学校で体育の授業を担当するのは、これまた難しいものです。体育などという教科は、音楽を専攻するのにほぼ必要ないと邪魔者扱いのようなもので、音楽の先生や生徒からおおいに見下されてきました。桐朋学園を受験するのだと伝えれば、体育の授業は見学しなさいと指導されて入学してきた生徒たちが、決して少なくないのですから。断っておきますが、音楽専門学校の全員から軽く見られていたわけではなく、私のことを認めてくれる先生や生徒も少ないですけどいたことは確かです。ごく少数ですが、私の応援団もいるのです。今は定年退職して、その偏見と蔑みから解放されて自由にナンバと取り組んでいます。

学校にいた時は、体育講義で「演奏本番であがってしまうので、その対策を教えてほしい」「もっと効果的に上達するための、練習でのヒントを与えてほしい」などと生徒が求めてくるので、それに応えて演奏家のためのメンタルコントロールという授業を始めました。生徒たちが望んで

いるのは、健康になりたいとか、病気のことを知りたいとかいう事ではなく、音楽活動での悩みをどう解決するかしかなかったようです。

それは、学生はみな演奏家になりたいというハッキリとした目標を持っているので、悩みも出てくるのです。体育の授業では、生徒が求めているものに対応するように、工夫するしかなかったのです。それが音楽専門学校で、体育が生き残る唯一の方法だったのです。そして、このメンタルコントロールも、演奏家を目指す生徒たちの悩みを聞きながら、それに応えるように毎年変化させていきました。そうしているうちにナンバとの出会いもあり、ナンバ的な考え方を応用したメンタルトレーニングへと変わっていきました。この授業の内容をまとめたものを「前向きに考える　演奏家のためのメンタル強化術」（音楽之友社）として出版しました。

生徒が困っていること、求めてくることに対応しようとして、創意工夫しながら授業が進んでいきました。授業というのは、生徒が求めていることにヒントを与えてやり、答えは生徒自身で見つけるものだと思います。指導者は、生徒に答えまで教えてはいけないと思います。与えられた答えは決して身につかず、自分で見つけた答えだけが身につくものだと思っています。また、指導者が自分が教えたいことを、一方的に教えるというのは違うと思います。やはり、指導に対する哲学が必要なのではないでしょうか。

私はこういう姿勢でやっているため、ナンバに関しても、授業や講習会、個人レッスンなどで、受講生が求めているものや疑問にヒントを与える形でナンバの研究を進めています。だから、受講生たちとは、共同研究を進めているという気持ちでやっています。ナンバには弟子などはいなくて、共同研究者がいるだけということです。

また、体育実技の授業では、演奏家を目指している生徒たちの楽器演奏の、身体の使い方の参考になるような授業はできないものかと、いろいろ試行錯誤していました。音楽とは、楽器を演奏するときの身体の使い方を変えることで、出てくる音が変わるのです。だから、演奏技術を上げようと思えば、身体の動かし方を変えるしかないのです。

こんなことを考える体育教師は、本当に少ないと思います。音楽の素人が、楽器演奏時の身体の使い方を考えるのですから。ちょっと変わっていると、自分でも思います。そこで、いろんな身体の使い方を試したのですが（ヨガ、フェルデンクライスメソッド、アレクサンダーテクニック、西洋運動理論など）、それでもなかなか楽器演奏の身体の動きに落とし込むのに適したものと出会えませんでした。

そんな動きを模索し試行錯誤を繰り返していた時に、出会ったのが「ナンバ歩き」だったのです。それが2000年ごろのことです。江戸時代の日本人も今と同じく旅好きで、おんな子どもでも着物を着て草履をはいて、毎日平均40キロを歩いて旅を続けていたと聞いたのがきっかけです。これは私にとって、衝撃的なことでした。ナンバ歩きとは、どんな身体の使い方をしていたのだろうという驚きと興味を掻き立てられ、こんな身体の使い方なら楽器演奏にも応用できるのではないか閃きました。ナンバの動きを解明していくと、

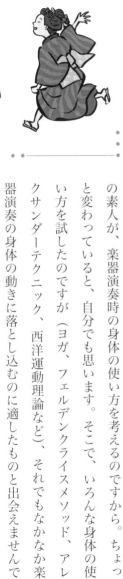

私が大学や大学院時代に習ってきた西洋運動理論とはかなり違うという驚きもありましたが、ますます興味を惹かれ、のめり込んでいきました。詳しいことは後程述べます。

このナンバの動きを授業で実際に生徒たちに試したところ、演奏時の音が変わって良くなること、身体への負担が少なくなることなど、生徒自身が効果を実感できたので、ナンバの研究を深めていきました。だから最初は、楽器演奏時の身体の使い方へのナンバの応用が始まりです。その基となったのが、ナンバ歩きです。そこで、動きが音を生み出し、音を変えるには動きを変えるしかないという発見をしました。この楽器演奏へのナンバの動きの応用は「ピアノ骨体操」「ヴァイオリン骨体操」（音楽之友社）として発表しています。余談ですが、音楽専門学校は女子学生が多いので、ナンバを体験することによって、成人式や夏祭りで着物を着て草履を履いて動いても、自由に動けて楽しかったですという報告も数多く受けました。

ナンバが理解されなかったり、誤解されたりするのは、ナンバを頭で理解しようとするからではないかと思います。それと、自分ではナンバを試しもしないで、理解した気になる早トチリでしょう。動きというのは、頭で理解するのではなく、実際に自分の身体を使って動いてみて、その効果を実感するしか確かめようがないのです。これが、身体との対話の第一歩です。身体との対話をおろそかにしている人が多すぎます。だから、実際にナンバ歩きで歩いてみて、身体がどう感じるかを体験してみてください。座っていては、ナンバは理解できませんから。さぁ、動きながら。

ナンバ歩きを、楽器演奏時の身体の動きへの落とし込みができました。それが上手くいったので、日常生活への落とし込み、スポーツへの落とし込み、リハビリへの落とし込みなど、様々な動きの分野に落とし込んでいきました。言ってみればナンバ歩きは、動きを改善する万能薬のようなものだと思っています。そして、ナンバ歩きから発展させていけば、メンタルコントロール、対人関係、生き方などの改善も可能だと思っています。ナンバの考え方が、様々に応用できるということで、その考え方や方法をこれから紹介していこうと思います。

第1章 ナンバとは？

1 身体の声をきけ！

ナンバという言葉は、2000年ごろから我々が研究をはじめ、本や雑誌、テレビなどで紹介して使ってきました。そして、2003年のパリ世界陸上で末續慎吾君が、短距離の200m走で3位になり銅メダルを獲得しました。日本人が世界大会で、それも短距離走でメダルを取るなどということは、誰も想像できないくらい素晴らしい快挙でした。そして、末續君が我々の書いた「ナンバ走り」（光文社新書）を読み「自分で作り上げたナンバ走りで走りました」とコメントしたもので、一気にナンバ走りという言葉が爆発しました。

だから、この年の流行語大賞にも「ナンバ」がエントリーされて、かなり上位の方まで行ったことを覚えています。しかし、流行語大賞をとらなくてよかったと思います。それは、流行というのは、一時的で勢いもあり注目もされるのですが、すぐに廃れる薄っぺらなものだと思っていますから。流行は所詮根付くことはないし、文化になることはないですから。ナンバを流行にしたくないのは、当時の強い思いとして残っています。それとバラエティー番組で笑いものにされるのには耐えられないので、バラエティー番組の取材はすべて断りました。それでも、ほとんどの雑誌と地上波のすべてのテレビ局に出演し、ナンバを紹介しました。ＢＳもＮＨＫをはじめ、いくつかの局でナンバを紹介しました。

しかし、このナンバという言葉で、いろんな人が名乗りを上げて謎のような説を唱え始めたのには驚きました。ちょっと言葉が独り歩きを始めると、その道の専門家？という人たちが、ウンカのようにどこからともなく湧き出てきます。そういう専門家？は、言いたいことだけ言って何の責任も取らずに消えていきました。専門家といいながら、ただのペテン師なんですが。今では誰一人残っていないようですけど、何か専門を鞍替えしたのでしょうか。そして、違う分野で、また大きな顔をしてホラでも吹いているのでしょう。気を付けてください。

そういう専門家が言っていたのが「ナンバ歩きとは、右手右脚を同時に出す歩き方で、誰でもすぐに出来ます」というものです。我々は嘘だろうと、すぐに解るのですが、一般の人は「誰でもすぐに出来ます」という言葉で、まんまと騙されてしまうのです。「簡単に、解りやすく、すぐに、誰でもできます」という言葉には、かなりの注意が必要だと思います。こういう誘い文句は、ほとんどが眉唾ものです。こういう言葉は、人間の一番弱いところを衝く、悪の殺し文句だと心得ていた方がいいでしょう。誰でも難しいもの、努力を要するものは嫌いなものです。嫌なんだけど、その嫌を乗り越えていかないと何も掴めないのです。楽をして得られるものなど、たかが知

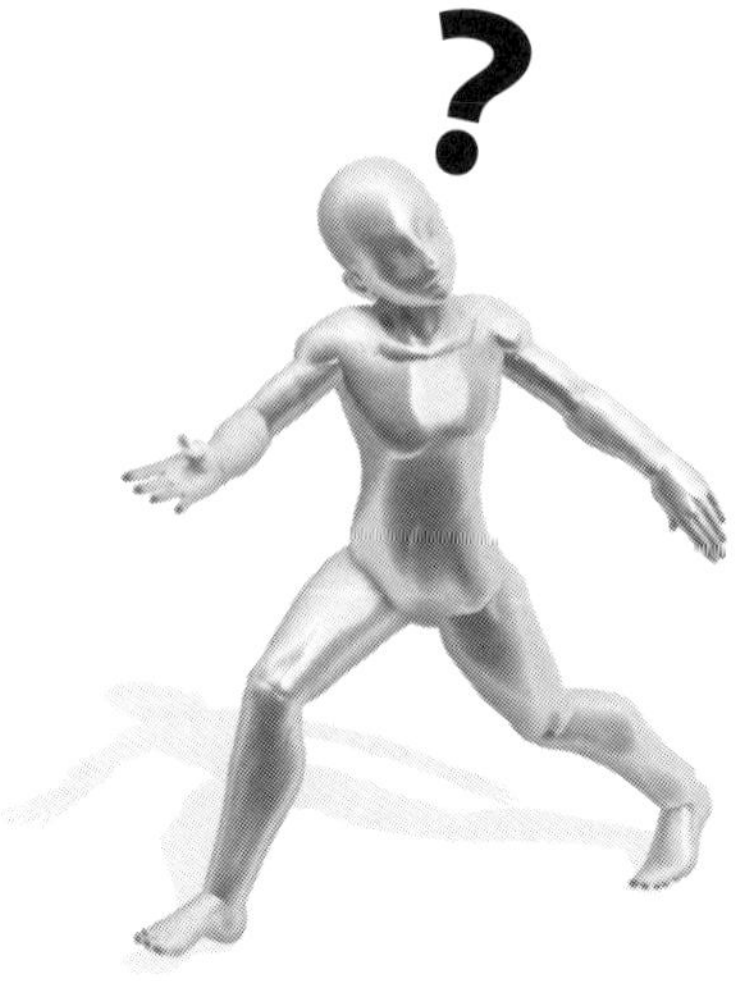

れているし、毒が混じっていることさえあるので注意です。
　そのウソの弊害がいまだに残っていて、ナンバ歩きというと「右手右脚を同時に出すあれですよね」と腹の立つことを言われています。私は、本当に腹を立てているのですが、言った相手は上の空です。悪意なく人を傷つけるというのは、本当に気楽な人のすることだなあと思います。いつでも情報というのは、その真偽を確かめて使わないと、嫌われたり、敵にされたりという形で、自分に返ってくるので注意しなければなりません。
　実際に歩いてみれば、すぐに解ることですが、そんな歩き方は身体が嫌がるのは明白です。身体にとって、非常に無理な歩き方ですから、いいはずがありません。まったく、身体の自然に合っていない歩き方ともいえます。そういう自分の身体に合ってないということが解らない感性というのは、悲しいものだと思います。そういう人を、センスがないとも呼びます。身体に対してそういう感性だと、身体を痛めやすくなるし、身体を壊すこともあります。

また、その動きが見た目に悪い、見た目に悪い動きは、それだけで動きとしては失格です。動きを見る基準として、機能美というものがあります。目的を達成するために無理や無駄を削ぎ落していって、最後に残った動きの美しさのことです。これが機能美で、こういう動きを美しいと感じるのです。例えば、短距離走の場合、人類で一番速く走れるボルトの動きが、一番美しいということになるのです。

その基準をもとに見て行けば、見た目に悪いということに納得がいくでしょう。見た目に悪いということが解らない、そういう美的感覚は悲しいものです。美醜が解らないと、何をやっても楽しくないだろうと心配します。我々の先祖たちが、そんな不格好な歩き方で歩いていたなどとはとても考えられません。先祖たちに対して、非常に失礼でありピントの外れた見方です。これは改めるべきです。

頭だけで考えるからこうなるので、身体で考える癖をつけてもらいたいものです。頭でっかちでは、ろくな人間に育ちません。「頭は間違うが、身体は間違わない」という言葉もあるくらい

ですから。また、考え方などにはほとんど個性がなく、個性があるのは身体です。一人ひとりの姿勢や動きを見れば、これを個性的と言わずしてなにを個性というのでしょうか。

歩き方一つ取って見ても、一人ひとり歩き方が違います。そして、動きというのは、その人の自己表現ともいえます。街に出て、多くの人の歩き方を見てください。歩くという単純な動作でも、なんでここまで違った歩き方ができるのかと驚くばかりです。姿勢に関しても、それぞれが独特の姿勢を取ります。これも、よく観察してみてください。

姿勢が美しいなと感心するのは、歌舞伎の坂東玉三郎です。この人の立ち姿は素晴らしい。そして、姿勢が美しいから、動きも美しくなるのでしょう。

また、最近ニュースで見たのですが。プロ野球オリックスの投手である山本由伸の立ち姿も、すごくいいなと感じました。立ち姿がいいということは、その延長線上の動きもいいだろうにつながります。そこで調べてみると、この山本投手は、プロ野球界の全投手の中で年間を通して一番素晴らしい活躍をしたことを示す沢村賞を、３年連続で受賞していることを知り、納得できました。山本投手は、姿勢や動きに関して、かなり研究しているだろうと推測されます。

自分の身体をないがしろにしていると、必ず手痛いしっぺ返しを食らいますから気を付けてください。身体の声に従っていると、自然と日常生活も整ってきます。しかし、身体の感覚に鈍感で、その身体の声に対応できなければ、大変なことになります。それは、身体からの反撃の痛みであったり、故障であったり、病気であったりという形で現れ、自分自身を苦しめることになります。もう少し自分の身体に関心を持ち、注目することです。

自分が何を食べなければいけないかは、身体が教えてくれます。いま、活動するべきか休むべきか、身体が教えてくれます。動かなければ、身体はどんどん退化していくし、具合が悪くなってきます。頭を働かせようとすれば、身体を整えるしかありません。メンタル面でさえ、身体でコントロールできることもあります。

身体がどうしたいかに従っていれば、自然に元気になります。身体の声に注意深く耳を傾けることです。身体の感性を磨くことです。感性というのは、微妙な違いに気づくことと理解しておいたらいいと思います。黒一つ取って見ても、墨の黒でも何種類もあります。そして、同じ灰色でも、バックが黒なら明るく見えるし、バックが白なら暗く見えるのです。こういうちょっとした違いに気づくことが感性です。そういう事を無視しがちになっている現代人への警鐘が、ナンバなのかもしれません。是非、ナンバを体験してみてください。

2 ナンバの語源

ナンバの取材を受けると必ず聞かれるのが、「ナンバ」という言葉の語源は何ですかということです。本当にナンバの語源に興味を持っているのか、それは怪しいものです。それとも、何事も語源からというマニュアルでもあるのでしょうか。また、それくらい調べてから取材に来てくれよと思うのですが、マスコミもなかなか怠慢なのです。楽をして、仕事にしようというのが見え見えです。そこで我々も文献を当たったのですが、これがハッキリしません。いろんな説があるので少し挙げておきます。南蛮人説、骨接ぎ説、滑車説、かんじき説などで、歌舞伎の位六法（歩く芸）の中の一つの動作をナンバと呼んだということも言われています。それだけナンバの語源は、曖昧なのです。

ちょっと考えてみてください。現代の歩き方には、名前がついていません。これを当たり前のように受け入れている我々がいますが、100年後に世の中が激変し人間の動きも変わった時に、昭和・平成・令和の時代は○○歩きだったと名前がつくかもしれないのです。なぜなら、江戸時代の歩き方に名前はついていなかったはずです。その名前のなかった江戸時代の歩き方を、いまナンバ歩きと呼んでいるのですから。誰がどんな理由でナンバ歩きと呼び始めたのか、これは推理小説を解いていくようなものですが、私にはさほど興味が湧いてきません。だから、誰が命名した、語源はこれだは、誰かにお任せます。

これくらいいろんな説があるのなら、何を言っても許されるかなというのも本音です。だから、ナンバの語源に興味のある方は、ぜひ調べてみてください。新しい発見があるかもしれませんから。私は、ナンバの語源などにはほとんど興味がないので、別に知りたくもありません。だから、「ナンバの語源は？」などというのは最後にしておいてください。

我々がナンバの研究に取り組んでいて、あまりにナンバの語源はと聞かれるので、ウンザリしています。それなら、我々でナンバという言葉を、定義してしまえということになりました。ナンバとは難しい場面や状況として捉え、「ナンバ＝難場」と定義しました。これは、あくまでも我々が定義したものですから、異議申し立ては一切受け付けません。そして、「ナンバの技術とは、難しい場面や状況をいかに創意工夫して切り抜けていくかということ」にしました。こう定義すれば、単純明快だと思うのですがどうでしょう。これはあくまでも定義であって、語源ではないですからそこを理解してください。

こう定義すれば、楽器演奏やスポーツで新しい技術を身に付け上達することも、身体をどう動かせばいいかという難しい場面になります。そこでナンバの技術を使うということになります。技術を進歩させる、新しい技術を身に付けるということも、動きを変えていくということです。そういう時に、ナンバの技術を使うのです。

また、日常生活の動きを楽にするために、動きの中から無理や無駄を取り除く必要があります。職業病などといって、諦めている身体の痛みから解放されたいものです。そういう時に、ナンバの技術を使えばいいのです。

またナンバは、身体の問題だけに限らず、心が難しい場面でも応用できます。試合や本番で上がってしまうというのも、心が難しい場面で、それをどうやって解決するかがナンバの技術です。そして、対人間でも難しい状況はいくらでも訪れます、性格が全く違う相手とチームを組まなければならない、一緒に仕事をしなければならないなどというのも難しい状況です。難しいことは、すべてナンバとしておけばいいのです。そして、この状況をどうやって乗り越え、解決していくかという時に、ナンバの技術を使うのです。

ナンバの技術を使うには、難場に臨機応変に対応しなければならないし、創意工夫をしないと切り抜けられないなど、非常に頭を使います。頭の体操のようなものです。だから、常識や固定観念にとらわれない、思い込みや決めつけをしない柔軟な頭が必要になるのです。生きていて実感するのは、難しい場面に出会うことの連続ばかりです。だから、すべてにナンバの技術を応用するしかないじゃない。

そういう風にナンバという言葉の定義を決めてしまうと、応用範囲がかなり広く、非常に使い勝手がいいものになりました。ただし、簡単でもなく、誰にでもすぐできるわけでもなく、解りやすくもないということくらいは、付け加えておいてもいいかなと思います。ナンバの入り口は広く開放的だが、奥は深くたどり着き難しということです。

やってみると研究しても研究しても、解ったという結論はなく、新しい疑問に突き当たります。だから、ナンバのマニュアルなど作りようがないのです。常に変化する状況にどう対応するかというのは、その時の創意工夫と臨機応変ですから。頭を柔らかくして対応しないといけないのです。そこが、ナンバの面白いところです。この難しいことを楽しむというのも、ナンバだと思います。難しいことに取り組むのを楽しめるかどうかで、人生はどうにでも変わってきます。

これくらいで、ナンバの語源に関しては、もう話題にしないでください。

3 ナンバの動き

ナンバの動きというのは、簡単にいうと着物を着て動いて着崩れず、草履を履いて動いて鼻緒が食い込んだり切れたりしない動きです。江戸時代までの日本人が、士農工商の身分にかかわらず、みんな着物を着て草履を履いて生活していたから、誰もかれもがナンバで動いていたのです。今と違って、すべて自分から動かなければ、何も始まらない日常だったのですから。この装いで、ナンバで動くしかなかったと思います。そして、みんながもっと効率よく動こうと、動きを磨いていたと思います。

武士は素早く力強く動いても、着物が着崩れないように動いていました。また、動いている最中に草履の鼻緒が切れたりしては、勝負になりません。真剣勝負の場で、着物が着崩れたり、草履の鼻緒が食い込んだりしていては、命に関わるということです。そこで、動きの工夫をしてい

たのです。農民は、一日中畑に出て着物に草履で、農作業をしていても何の不都合もなかったのです。職人さんは、着物と草履で一日中身体を動かしてモノをつくっていました。みんな動きの質を上げようとして、動きを工夫していたのでしょう。

今の我々から考えると、着物を着て草履を履いてという装いは、動きをかなり制限するものと思われます。しかし、身体を器用に使うことによって、何不自由なく動いていたのが我々の先祖の日本人です。たぶん毎日が、自分の動きを洗練することだったと思われます。動きが楽になれば、日常生活が楽になることに直接結びついていたのですから。たいしたものです。

和装というのは、日本人にとっての民族衣装です。この民族衣装を着ての動きが、ナンバの動きなのです。そして、日本文化と言われているお茶にしてもお花にしても、歌舞伎や能にしても和装で行うわけです。だから、これら日本文化を支えている動きというのが、すべてナンバの動きなのです。それならナンバの動きも、日本文化と言うしかないと思うのですが、いかがでしょうか。

こうやって見てくると、日本人は、器用だといってもいいし、適応能力が高いといってもいいと思います。この我々の先祖の良い所を受け継いでいくのも、我々の使命ではないかと思います。日本文化に関わっている人たちは、もっとナンバの動きに関心を持って、取り入れるべきだと思います。どうも身体の動きというものが、歴史の中でも現代でも軽く見られているのが気になります。だから、ナンバの動きに挑戦するというのも、一つの試みとして面白いのではないでしょうか。

ここでちょっと、着物と洋服を比べてみましょう。洋服というのは、その個人の体型に合わせて作られ、ボタンやファスナーなどを用いて立体的になっています。そして、身体のサイズに合

うように、洋服はS、M、Lと大きさが決まっています。だから、身体に合ったサイズの洋服を着れば、ほぼ誰でも美しく見えるのです。反対にサイズの合わない洋服は、着られないということも言えます。一方、着物は、一反の布から平面的につられて、サイズの幅もSからLくらいの体型なら対応できるようになっています。そして、着物は幅広い体型に対応しているのですが、美しく見えるかどうかは、その立ち居振る舞いにかかっているのです。

だから日本では躾といって、身体の動かし方をしつこいくらいにうるさく言って、相手に失礼のないよう、いかに美しく見えるかということを追求していったのです。襖や障子などの開け閉めは、立って行った方が楽だと思います。

それを、わざわざ両膝をついて両手で開け閉めするのは、動きの美しさを求めているからです。掃除をするにしても、箒や叩きの動かし方までうるさく言われたものです。だから、お茶やお花の作法でも、動きや姿勢の美しさをひたすら追求していったものだと思います。日本人は、姿勢や動きの美を追求する心を大事にしてきました。この心は継続していきたいものです。

また、着物の面白いところは、着物は何回も仕立て直して、親子で着たり三代にわたって着回しをしてきました。そして、浴衣などは、古くなるとオムツや雑巾にして使い切りました。衣類を簡単に捨てたりせず、徹底的なリサイクルが行われていたのです。ここにも日本人の「もったいない」精神が現れています。

そして、着物には草履が対応し、洋服には靴が対応しています。この草履と靴の大きな違いは、踵があるかないかということと、足指全体を包んでいるのか鼻緒を足の親指と人差し指の間で挟んで履くかどうかということです。この履物の差は、それを履いての動きの差として表れてきます。

こういう洋装と和装の違いから、洋装の方が動きやすく活動的であり、和装の方が窮屈で動きにくいと考えるのは、現代人から見た比較だけのことです。これが問題なのです。歴史の物事を見る場合には、見ようとしている時代に同調して見ないと、何も解りません。現代の物差しでは、

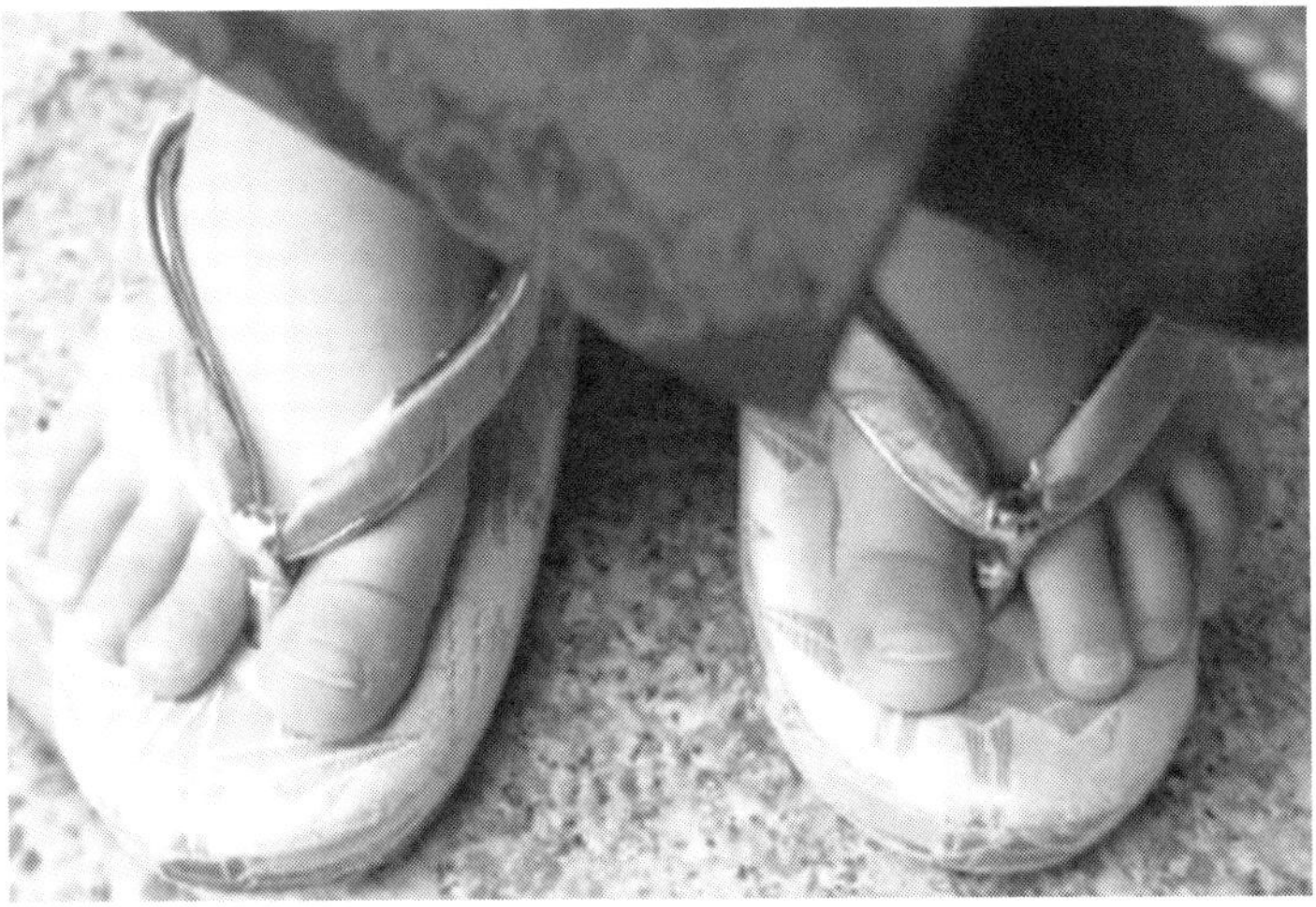

江戸時代は測れないということです。江戸時代の日本人になり代わって、考えたり動いたりしてみることです。それが歴史の見方というものです。

江戸時代までの日本人は、和装を決して窮屈なモノとは考えてはいませんでした。それが証拠に、生活するために1日の移動距離が13〜15キロくらい歩いていました、それが普通の日常生活だったということです。今みたいに文明により機械化されておらず、すべて人力でやるしかない生活を送っていたのですから。水道をひねれば水が出るわけでもなく、井戸や川に水汲みに行き運んでこなければならなかったのです。スイッチをひねれば火が着くわけでもなく、

薪を拾いに行って持って帰り、一苦労して火を着けなければならない生活です。移動することから始まって、電気も水道もガスもない環境だから、日常生活の全てを自分の身体を動かしてまかなうかしかなかったのです。それでも、現代人よりはるかに楽々と動いていたものと考えられます。

和装を窮屈な装いだと思っていたら、とても毎日の生活で13〜15キロも歩けるはずがありません。この一日13〜15キロの移動距離というのは、何十万年も前の狩猟採取生活をしていたころの人々の一日の移動距離とほぼ同じです。現代人は歩かなくなったことにより、心身に異常をきたしています。それは、日常的に13〜15キロ歩いて、心身の状態を正常に保っていたものが、現代人のように歩かなくなれば身体や心に異常をきたすのも自然の法則です。人間の身体は、そんなに短時間で変化できるものではないのです。

人間の身体は簡単に変われないということの例を一つ見てみます。私は古い人間ですから、小学生の頃の給食は脱脂粉乳でした。これは、日本人の身体にも合っていたので、腹を下したり体調不良を起こすことはありませんでした。なんせ乳児の飲み物ですから。しかし、なんとも不味かったことは思い出としてあります。それから牛乳というものが現れ、日本中に広がりました。この牛乳が曲者で、私が子どものころまでの、日本の長い歴史で牛の乳を飲む習慣などなかったのです。いまは和牛と騒いで嬉しそうに食べてますが、牛を食べだしたのも最近のことです。日本人は、牛と縁がなかったのです。

だから日本人の身体は、牛乳からたんぱく質やカルシウムを吸収することができません。牛乳を飲んできた長い歴史がない日本人は、牛乳を消化したり吸収する身体の準備が整っていないのです。これは、乳製品全般に言えることです。日本人は、せいぜいヤギの乳くらいしか飲んだことがなかったのです。だから、日本人の成人の8割は、牛乳を飲むと下痢をしたり体調を崩したりするのです。これを乳糖不耐症といいます。しかし、安心してください、2割の人たちは、牛乳を飲んでも平気で、栄養素も消化吸収しますから。牛乳は幼児の飲み物で、成人の飲み物ではないのです。人間の身体というのは、環境や食べ物に適応するのに、非常に長い時間がかかるのです。そういう事は知っておいた方がいいと思います。

我々は、人類が誕生したアフリカのサバンナで生きていた時と同じ身体で、現代社会を生きているとも言われています。だから、人間の身体は原始時代のままで、現代社会の環境や生活習慣に馴染めずに、様々なストレスを感じているのです。そして、口に入るものは何でも食べて生き延びてきた人間が、食べ物が偏ったりすると心身の具合が悪くなるのも当然のことです。人間は、何でも食べる雑食によって身体も心も支えているのです。

人類は、自分の身体をしっかり動かし、食べられるものは何でも口にして進化してきました。日本人にとっての牛乳のように、飲んでいなかった歴史が長いと消化・吸収することは無理です。原始時代から現代まで、脳はかなり変化してきましたが、身体はあまり変わってはいないのです。このように人間を単純明快に考えていくと、健康などとことさら意識しなくても元気な生活は送れると思います。


また、江戸時代の日本人も今と変わらず旅好きで、お伊勢参りや善行寺参りなどに多くの人が行っています。その旅ではおんな子どもでも、毎日平均40キロを目安に歩いていたそうです。旅の一日の移動の目安が、1日10里（40キロ）歩くことだったようです。今のように道路が整備さ

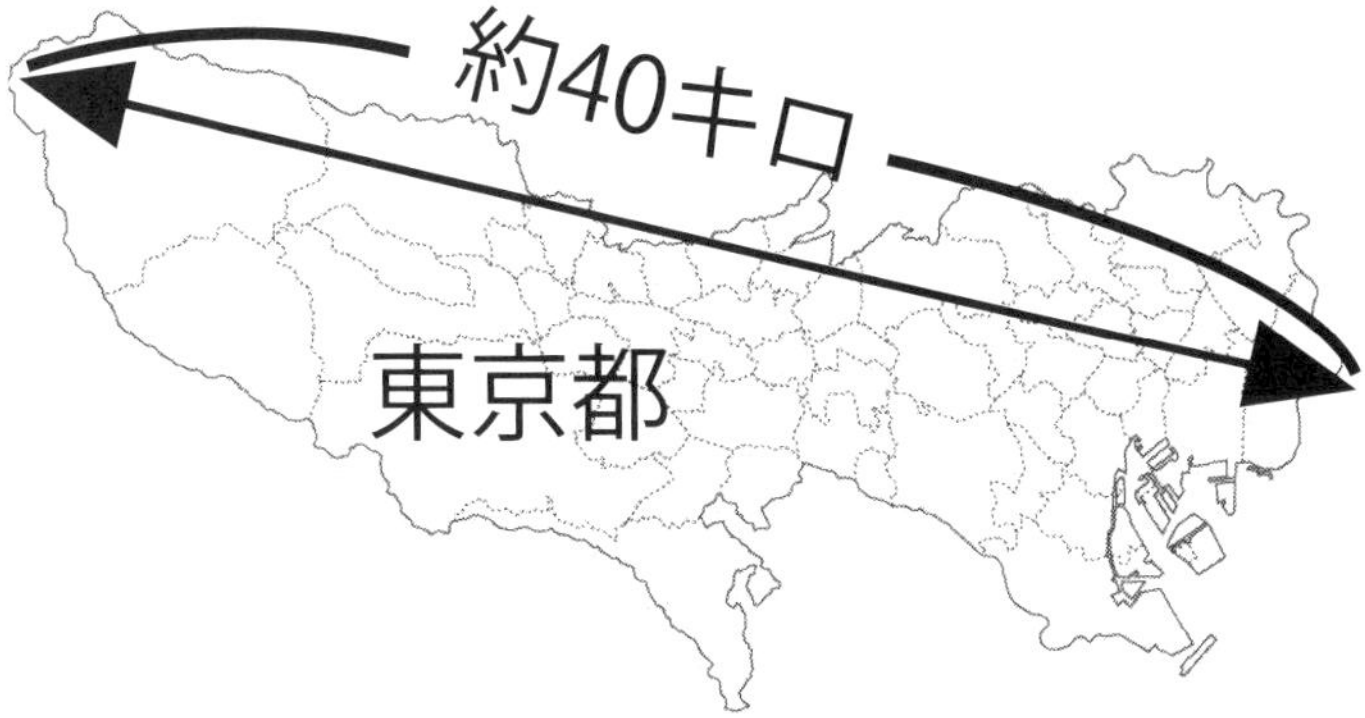

れて平坦であるわけでもない、でこぼこ道で雨が降れば泥道になるような環境の中を歩いていたのです。当然、山越えや川越えも含まれています。現代人である我々が、毎日そんな道を40キロも歩いて旅ができるかと聞かれると、とてもじゃないがそれは無理でしょうと答えるしかありません。遠足といっても、バスや電車を使うくらい軟弱になっているのが我々ですから。

そこで、当時の日本人はそんなに体力があったのかと感心するのは間違いで、当時の日本人は和装でも自由に動ける技を身につけていたと考えるべきでしょう。和装でも自由に動ける技が、我々が研究している「ナンバの動き」ということになるのです。和装で自由に動けるだけではなく、今よりもはるかに楽に歩ける技を身に付けていたと考えられます。それがナンバ歩きで、このナンバ歩きに驚かないで世の中の何に驚くというのでしょう。

幕末維新を経て、鎖国を解き開国して西洋との交流が始まりました。初めて見る西洋世界から入ってきたものは、すべてが華々しくよく見えすぎました。そこで、浮足立ってしまったのが日本人の弱い所で、今もその名残があるのは悲しいことです。西洋に追いつけ追い越せで、一番簡単なものが着るものです。そこで、洋装が日本に入ってきて、急速に広まっていきました。

しかし、日本人にとって洋装というものは、動きやすく快適な装いかというと、そうでもなかったみたいです。朝仕事に行く時は洋服を着て靴を履いて出ていくが、夕方家に帰ってくると、着物に着替えて下駄を履いて寛いでいたということは、和装の方がリラックスするのによかったと考えるべきでしょう。こういう事は、昭和の初めまで続いていたようです。軽薄に飛びついてはみたが、洋装を窮屈だと感じて、和装の方が楽だと感じていた我々の先祖がいたのです。これは、忘れてはいけない事だと思います。

ちょっと思い出してください、いま旅に出てホテルや旅館などに泊まって、風呂上りに浴衣に着替えて部屋の中で動いてみます。すぐに浴衣がはだけて着崩れてだらしなくなってしまうのは、ナンバの動きでないからなのです。ビーチサンダルを履いて歩いたり走ったりして、鼻緒が食い込んで痛くなるのはナンバの動きでないからなのです。ナンバで動けば、浴衣は着崩れないし鼻緒は食い込んできません。それを西洋的に捻じったり、うねったり、踏ん張ったりして動くから、

身体を捻じらない（ナンバ）

肩のラインと腰のラインがクロスしない。

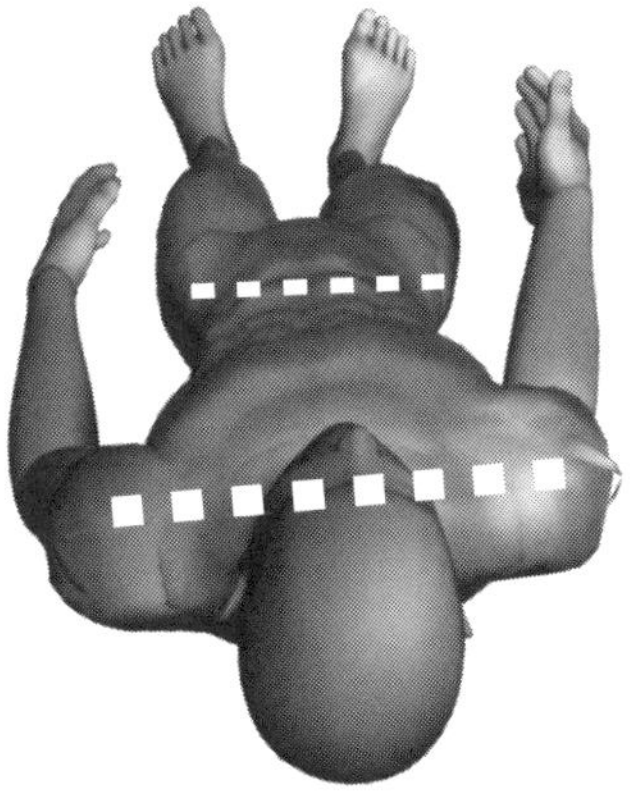

身体を捻じる

肩のラインと腰のラインがクロスする。

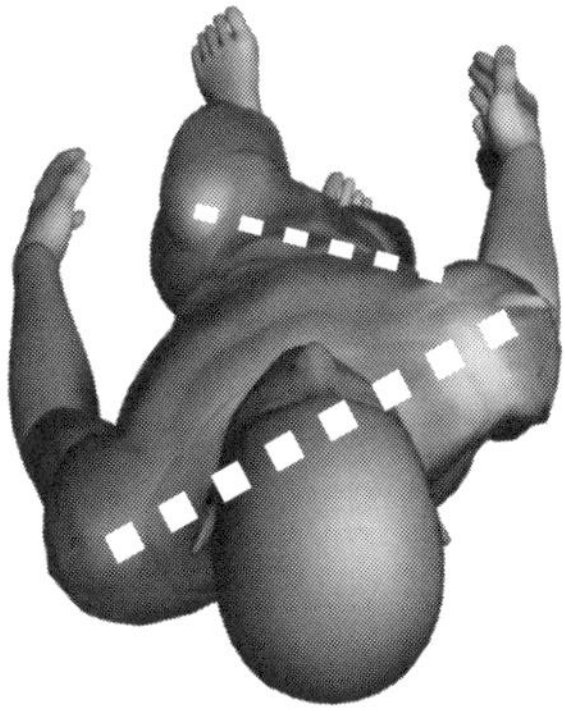

困ったことになるのです。和装には、ナンバの動きで対応するしかないのです。だから、和装では動きや仕草が上品になるが、西洋式の動きでは動作が雑になるという風にも考えられます。西洋式で動きが雑になれば、当然身体を痛める危険性が高まるということにもつながっていきます。これは要注意です。

ナンバの動きとは、着物が着崩れないように動くことです。そのためには、身体を捻じったりうねったりさせないで動かなければなりません。身体を捻じるというのは、頭上から見て肩のラインと腰のラインが平行でなくクロスして動くということです。肩のラインと腰のラインがクロスすると、着物はすぐに着崩れます。現代ウォーキングのように、左脚を出したときに右手を前に振ると、肩のラインと腰のラインがクロスします。これが捻じった状態で、着物が着崩れる原因になります。また、身体を弓のようにうねらせて動くと、これも帯から着物が飛び出して着物が着崩れます。金属をグニャグニャとうねらすと、金属疲労で切れてしまいます。同じように身体もうねらして動かしていると、そこに負担がかかり痛みを生じるようになります。

着物が着崩れる原因である捻じったりうねったりということは、身体も嫌がるはずです。身体を動かすときに、捻じったりうねったりを続けると痛みの原因となります。上半身と下半身を捻じって動かしていると、腰痛の原因になります。身体にとって捻じるというのはストレスで、これが身体の痛みを発生させるのです。ウェストを細くしたいと上半身と下半身を捻じっている人がいますが、そういう動きに身体はストレスを感じます。身体がストレスを感じると、脂肪をためようとすることしかできないので、ウェストは細くなりません。エアロビクス・ダンスなどは、ただ腰や膝に痛みが出るような捻じり運動だけですから、注意してください。

余談ですが、体操競技やフィギュアスケートで、空中動作からの着地が決まるかどうかというのも、空中で身体を捻じっているかどうかです。体操競技の内村航平君の演技を見ると、空中動作

で肩と腰のラインがいつも並行で、身体の面で回転しているので捻じれがなく、それで着地でピタリと止まれるのです。

解説者が、空中で3回転とか4回転で「身体を捻じってます」と言っていますが、よく見ると捻じっているのではなく面で回っているだけです。解説者の言っていることを鵜呑みにしないで、自分の目で観察することが大事です。これがもし、空中で身体が捻じれていると、着地で止まるのはとても無理です。空中で身体が捻じれていると、着地の時に前後左右に無理な力がかかるので止まれないのです。

この事はフィギュアスケートでも同じことで、空中では捻じれないように身体の面で回転すれば、着地は成功します。身体に捻じれがあるということは、姿勢や動きから見て非常に無理がかかっているという事でしょう。体操競技やフィギュアスケートの動きは、ユーチューブにたくさんあると思うので探して見てください。


もとエアロビクス・ダンスのインストラクターだった人が、ナンバの指導者資格を取ってナンバを指導するようになりました。そして1年ぐらいが過ぎたときに、「あんなにウェストを捻じってばかりのエアロビクスの時には、ウェストはちっとも細くならなかったのに、ナンバを始めてから捻じらなくなったらウェストが細くなりました」と報告に来てくれました。それで、捻じるという動作は、身体が嫌がりストレスになっているので、そういう動きはしない方がいいですよと答えました。身体はストレスを感じないで気持ちよく動いていると、自然と余分な脂肪は落ちていくものなのです。

ダイエットでも、禁欲的なものや強制的なものは、それに取り組んでいる時は少しは効果が出ます。しかし、ほとんどそういうことは続かず逆にリバウンドして前よりも、太ってしまうこと

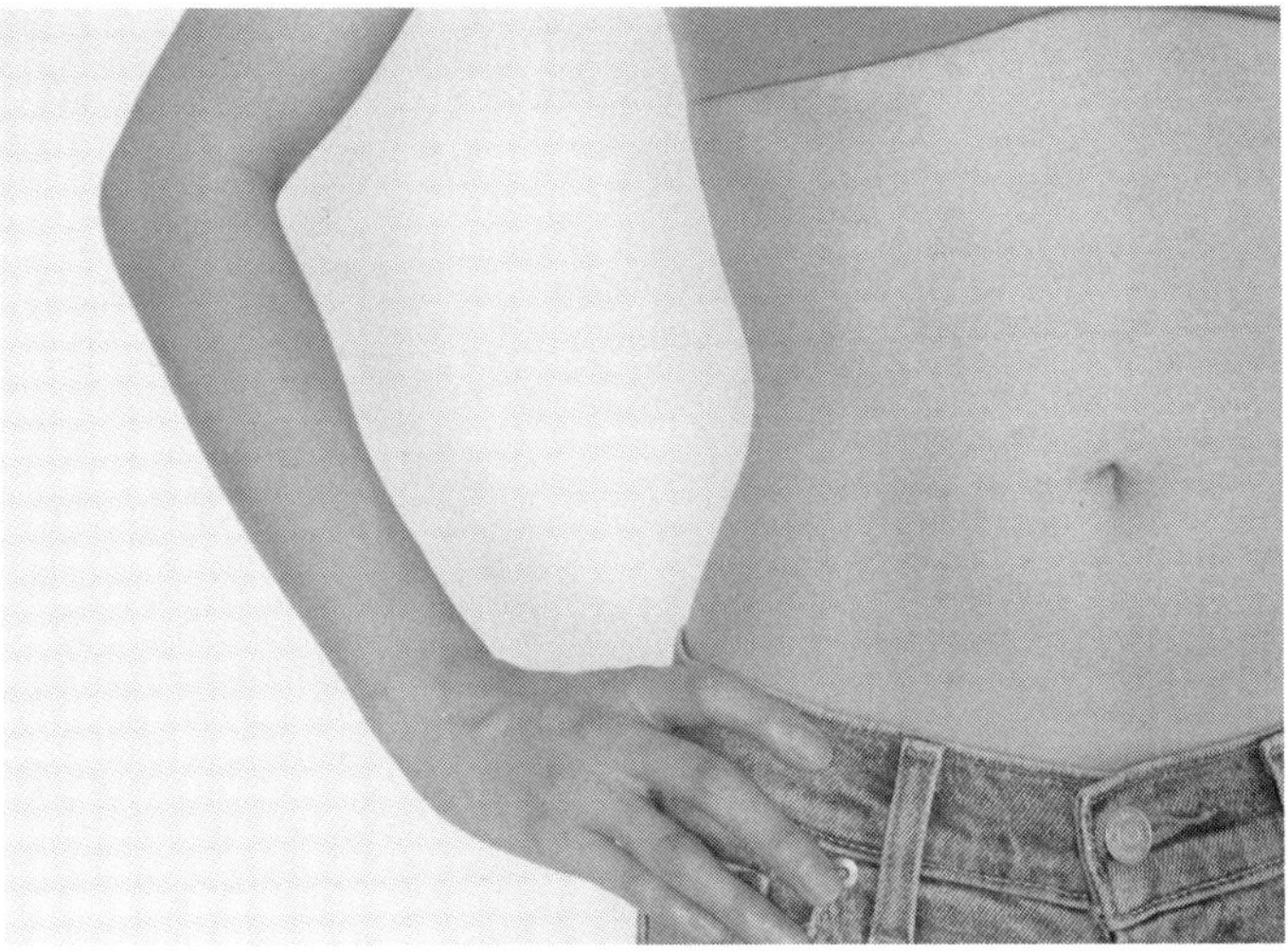

がままあります。身体は、気持ちいい事しか受け入れてくれません。また、習慣にするにも、気持ちいい事しか習慣になりません。歯を食いしばってやることは、とてもじゃないが習慣にはなりません。我慢には限界があります。

ダイエットについて一つ。ひどいアトピーで悩んでいる学生が相談に来ました。アトピーというのは、アレルギーなので体質を変えなければと考えました。そこで、体質を変えるための生活改善をしようと提案しました。まず、週に1～2日のベジタリアン日に挑戦しました。ベジタリアン日というのは、その日は動物性のたんぱく質や乳製品を取らないという試みです。和食だと、意外に簡単に出来ます。そういう日を作るように学生に勧めました。学生はアトピーを治したいので、無理のない範囲で正直に実行したようです。

また、この学生はチョコレートが好きで、毎日食べているということでした。チョコレートはいろんな刺激食品なので、週に1日でも2日でもいいから我慢ではなく抜くようにしようと提案しました。これも無理しない程度で実行したようです。そうして一年ほどたった時、体質が少し変わったのか、アトピーはかなり改善されていました。その余禄として、体重も5〜6キロ減ったということです。ダイエット目的ではなかったけれど、禁欲的や強制的でなく、できる範囲で無理なく挑戦した結果だと思います。

少し考えてください。私たちは、毎朝顔を洗い歯を磨きます。しかし、振り返って小学生時代には、毎朝母親に「顔を洗いなさい、歯を磨きなさい」とうるさく言われ続けて、しぶしぶ洗面所に向かっていたじゃないですか。それが、いつの間にか誰に追い立てられなくても、自分から顔を洗い歯を磨くようになったのです。これは、朝起きてそのままいるよりも、顔を洗った方が気持ちいいから、歯を磨いた方が気持ちいいから習慣になったのです。そのように、自分が気持ちいいと感じることしか習慣にはならないと思います。だから、我慢したり、強制されたり、やらされたりということは、習慣化しにくいと思います。

歩くことも同じです。最初から30分歩こうなどと始めるから、筋肉痛などになり続かないので

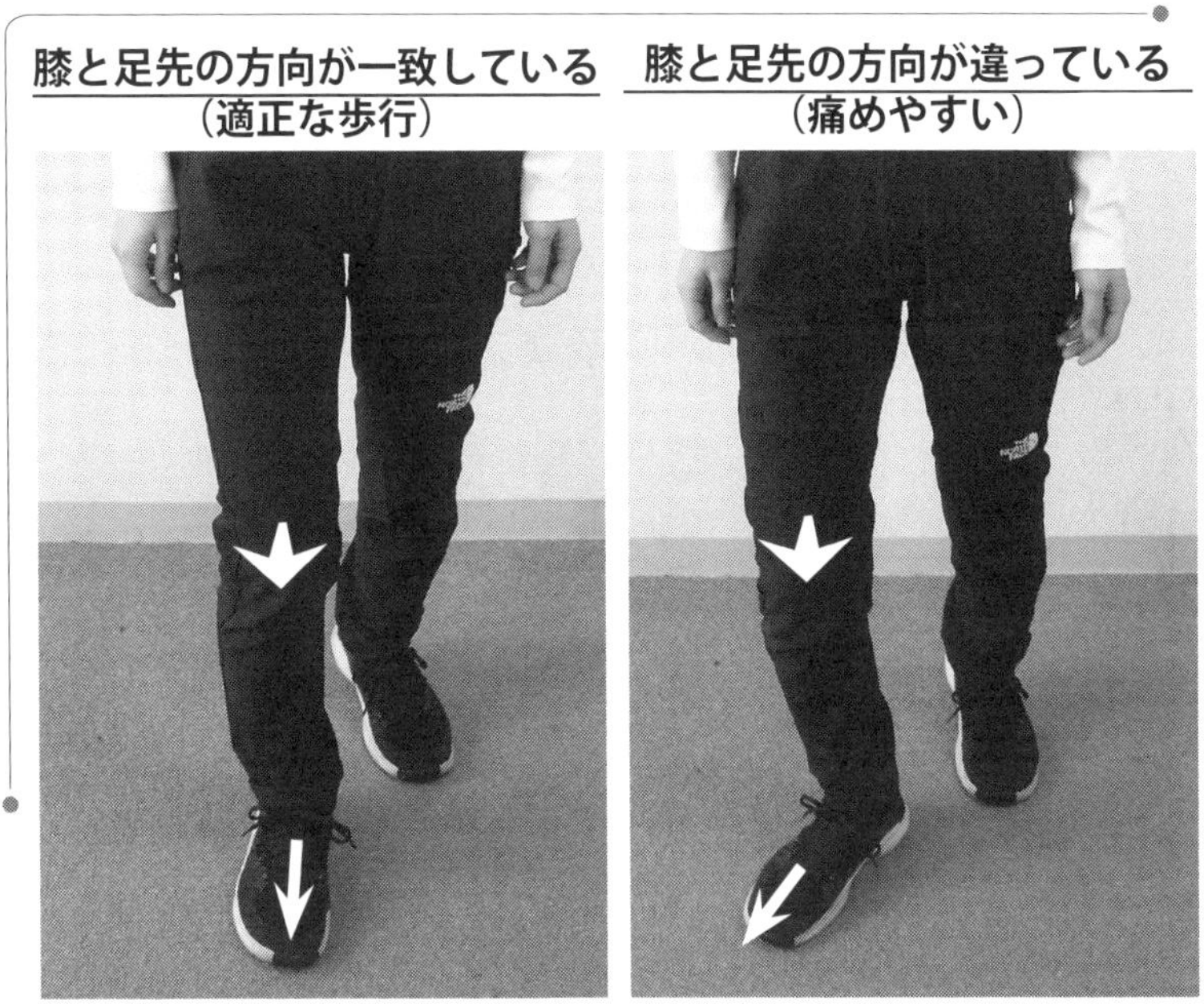
膝と足先の方向が一致している
（適正な歩行）
膝と足先の方向が違っている
（痛めやすい）

す。毎日5分間だけ歩こうと始めると、無理がないので楽しく歩けるようになります。それを身体と対話をしながら10分、20分と無理なく伸ばしていけば、いつの間にか1時間くらい歩けるようになって習慣化されているのです。最初はこんなに楽でいいのかというくらいから始めるのが、習慣にするための一番いい方法なのです。

歩くときや走るときに、膝の向きと足先の向きが同じ方向を向いていたら何の問題もありません。しかし、膝と足先が捻じれて違う方向を向いていたら膝や足首、アキレス腱の痛みを生じたり、外反母趾の原因にもなりますから要注意です。外反母趾の原因を靴（ハイヒール）のせいにするのは、あまりに無責任です。自分の動きが原因で外反母趾になっているのに、それを認めないで靴に責任を押し付けるとはあんまりです。責任転嫁も甚だしい。歩くときに膝は正面を向いているのに、足先が外を向いているような歩き方をするから外反母趾になるのです。外反母趾の矯正の仕方は、後程述べます。

陸上競技の走種目に取り組んでいるランナーは、トラックを走る時に左回りなので、左脚の足先が左膝よりも内側に入りやすい傾向があります。膝の向きと足先の向きが捻じれたままで走っているので、その捻じれでアキレス腱に負担がかかります。だから、陸上競技の走種目のランナーは、アキレス腱が痛いといえば、そのほとんどが左脚です。アキレス腱痛から解放されるには、左の足先をあまり内側に入れないで、膝と同じ向きになるように意識して走ることです。そうすれば、左のアキレス腱痛に悩まされることは、なくなると思います。

履物である草履や下駄に関しては、靴と違って踵がありません。こういう履物を履きこなすには、足首を使って蹴ってはいけないのです。鼻緒だけで支えられているので、足首を使って蹴って歩くと、鼻緒は足指の間に食い込んでくるし、足裏と接している履物表面が足裏と離れてペタンペタンとなって歩けたものではなくなります。だから、脚は前に出したら置くだけ、地面を蹴

蹴らずに足を置き換えていく歩行

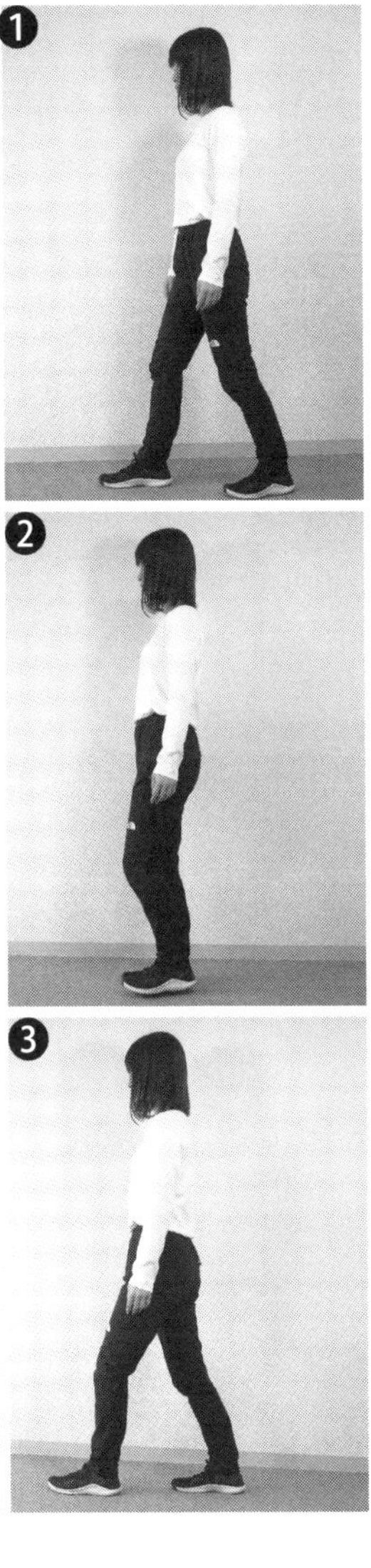

足首の形をあまり変えずに、ただ足を前に前にと置き換えていく歩法。これだと鼻緒が食い込んだり、足裏に履物がペタンペタンとなったりしない。結果として「踏ん張らない」歩き方になる。

足首を使って蹴る歩行

足首を使って地面を蹴る歩行は、靴だと問題なくできるが、草履や下駄だと鼻緒が足指の間に食い込んだり、足裏と履物が離れてしまう。結果としてこれは「踏ん張る」歩き方になっている。

らないで足を置き換えていくだけの歩き方にすればいいのです。こういうことを「踏ん張らない」と表現しています。これは歌舞伎や能の歩きである「すり足」と同じことです。歌舞伎や能の歩きというと嫌がる人もいますが、それなら短距離のボルトの走りもそうですと言い換えましょう。

4 ボルトについて少し

名短距離ランナーとしてまず頭に浮かぶのは、オリンピックで100メートル走、200メートル走、走り幅跳びの三冠を達成したカール・ルイスを思いだします。付け足すと4×100メートルリレーでも勝ってるくらい、当時世界一速かったランナーです。ルイスは、100メートル走でスタートから50メートルくらいまでは、いつも他のランナーから遅れていて、そこから追い上げて勝つというレースばかりでした。だから、ルイスは、どうみてもスタートが苦手という印象です。

それに対しボルトは、ルイスの身長185センチよりも10センチ近くも高い196センチの巨漢ですが、どのレースを見てもスタートで出遅れていることはありません。ボルトは短距離走に

は不向きなくらいの巨漢で、何故スタートで出遅れないかと観察してみました。
　するとボルトは、スタートの一歩目から地面を蹴る意識ではなく足を置き換えているだけで、身体を起こしてきています。足を置き換えているというのは意識で、実際には前に進んでいるので地面を蹴っていることは確かです。地面は蹴っているのですが、最後まで膝が伸び切るように地面を押していません。膝が曲がった状態のまま、前に素早く脚を運んでいるのです。地面を蹴る意識があると、膝が伸びきるところまで地面を押してしまいます。このボルトの脚の置き換えは、坂登走の練習をしているのを見た時に気づきました。坂登は、脚で地面を押すのではなく、次々

と脚を前に置き換えていった方が遥かに効率的だし速いのです。これは発見です。

走る時に、どういう意識で動くかということは、非常に大事になってきます。この意識の持ち方で、身体の動きが変わってくるのです。身体の動きが変われば、パフォーマンスが変わるというのがナンバの考え方です。ということは、記録を伸ばすためには、走る動きを変えるように工夫すべきでしょう。

あの巨漢のボルトがスタートで遅れないのだから、日本の短距離陣も、そのスタートの動きを見習ってもいいのではないでしょうか。地面を捉えて、地面を後ろに押すという意識ではなく、足を置き換えて置くだけという意識にしてみるのも、一つの試みだと思うのですがどうでしょう。そこからトップスピードになると、ただ脚を回しているだけで100メートル9秒58という、いまだ破られない世界記録を樹立しました。脚を回しているだけですが、この局面でも膝が伸び切ることはなく、少し膝が曲がったままで回しています。そして、ボルトがトップスピードになった時に、上半身と下半身をあまり捻じっていないということにも注目すべきです。腕振りの時に、肩を前後に動かしていないのです。

これもナンバ的で、上半身と下半身を捻じらないようにすると、陸上競技場のコーナーを走るときに外に振られる遠心力がかかりにくいのです。だから、コーナーを非常に速いスピードで走り抜けることができます。これは、直線を走る時にも、左右へのブレが少ないので効果的です。ボルトの身体の使い方は、正面から見ると肩と腰のラインを平行にして上下に使っているのです。

そして、ボルトが世界に登場してきたのは、コーナー走のある200メートル走からということを見ても解ります。200メートル走で華々しく登場し、リレーでもコーナーを走る3走を務めていました。それから、リレーのアンカーを務めるようになったのです。これは、序章で取り上げた末續君も同じことです。

そして、100メートル走でも力を発揮して、100メートル走、200メートル走の世界記録を樹立したのです。ボルトの走りも「ナンバ走り」だというと、「えっ？」と首を傾げる人もいるかもしれません。しかし、ボルトの短距離走には大きすぎる身体を、いかに速く動かして走るかと創意工夫した結果が、ナンバ走りのようになったといえば納得してくれるでしょうか。速さを求めて動きを創意工夫した結果が、ナンバ的になったと考えてもいいと思います。それが上達を求めて、動きを変えるということです。

5 江戸時代の身体操法

江戸時代までは、ほぼ全ての日本人がナンバの動きをしていました。日常生活で歩くのは、当然ナンバ歩きです。今の我々の感覚でいうと、歩くことができれば、その延長線上で江戸時代もみんな走っていたのでしょうと考えます。しかし、これが違うのです。今のわれわれの感覚で、江戸時代を捉えてはいけないのです。江戸時代というのは今と違って、時間が非常にゆっくりと流れていたのです。生活で急かされることなど、ほとんどなかったのでしょう。ほとんどの人たちは、太陽の位置で大体の時間を推し量っていたくらい、のんびりと暮らしていました。

そうすると、日常生活の中で走る必要がなくなります。走ってまで行かなければならないなどという、そんな必要性などないのです。人間は、そんな走らなくてもいい生活を送っていると、走れなくなってしまうのです。それは、人間は基本的には怠け者だからです。生き延びるために必要のないことは、わざわざしないように進化してきたのが人間なのです。そして、走る必要がなかったから、走れなくなったというのも進化の結果です。だから、健康になるために運動するなどという発想は、何処からも生まれてきません。

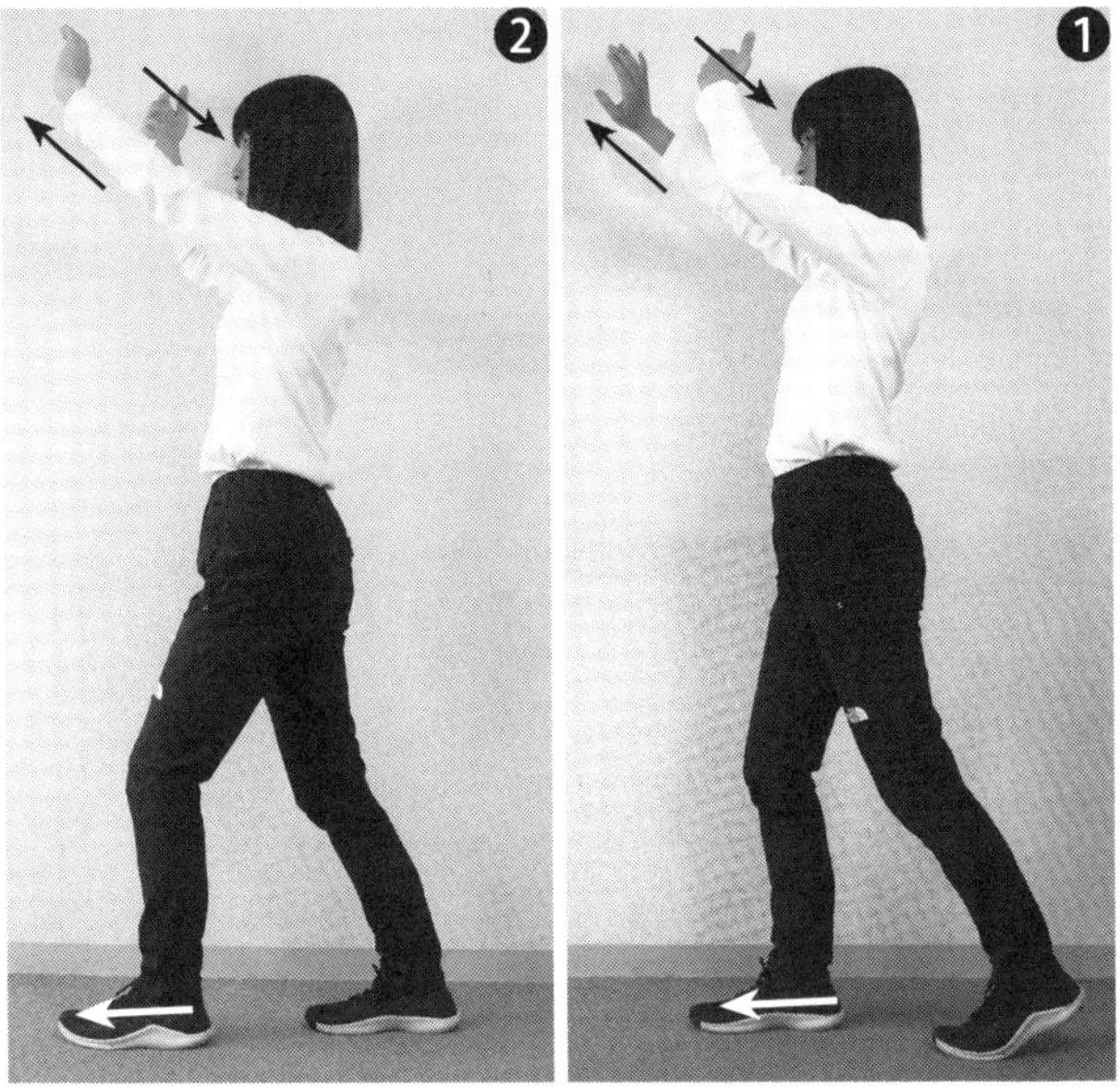

上げた手を阿波踊りのように動かしながら、伸ばす側の足を出すようにすると、速く楽に進んでいく事ができる。江戸時代にはこんな動き方も行われていた。

だから、江戸時代の日本人は、走れなかったとしても納得できます。時代劇などを見ると走っているじゃないかと言う人がいますが、走っているのは時代考証の間違いだと思います。動きの時代考証を、是非やってもらいたいものです。

それでも日常生活の中で、どうしても緊急の場合というのが出現します。例えば、江戸は火事が多かったのですが、近所の家から火が出た時などは、ゆっくりと歩いて逃げている場合ではないのです。これは非常事態で、命を守るために出来るだけ早く火から遠ざかる必要があります。

こういう時は、普段走っていないのでどうしたかというと、手を上にあげて上半身を阿波踊りのように動かし、脚を速く回して逃げていたようです。そういう絵も、今に残っています。こういう走り方も自分で試してもらいたいのですが、これで意外と走れるものなのです。今の走り方が常識だと持っているのが困りもので、その常識を破れば阿波踊りのような動きでも走れるのです。江戸時代には、そういう時くらいしか走る必要がなかったので、そんな走り方で充分対応できます。古き良き時代だったと思います。私も、そういう時代に生きたかった。

ちょっと考えてください、阿波踊り、よさこい、盆踊りの動きは、一晩中踊り続けられるナンバの動きなのです。それで着物が着崩れることなく、草履の鼻緒が食い込むこともなく。これは、身体にとっては、非常に効率の良い動きともいえます。こういう効率の良い動きは、終わった後で身体の爽快感を感じられます。だから、こういう踊りが、現代まで続いているのです。

ジョギングで健康になろうというのも否定しませんが、よさこいや阿波踊りで気持ちよくなろうと取り組んだ方が、みんなで集まって、はるかに楽しい試みになると思うのですが、どうでしょう。踊りはジョギングよりも楽しく、効果倍増になるでしょう。それなら、エアロビクスなんか止めて、阿波踊り（よさこい）ダイエットというものを考えてもいいかもしれません。後押ししますよ。

時代劇なんかで、簡単に走っている場面を映し出しているのですが、たぶんウソだろうと思います。そんなはずはないだろう、誰もが走れていたわけではないのだから。秀吉が本能寺で信長が殺されたことを知り、中国地方の戦さを切り上げて、敵討ちのために関西に取って返しました。この時のことを「中国大返《おお》し」と呼んでいますが、1日の移動距離を見てみると40キロくらいです。

これは、この当時の通常の旅の1日の移動距離と変わらないものです。決して、鉢巻きを締め、眉を吊り上げて走って姫路城に戻ってきたわけではないと思います。江戸時代までの1日40キロの移動というのは、日本人なら誰もが軽々と歩いて行ける距離なのです。

しかし考えてみると、みんなが走れなかった時に走ることができれば、これは特殊技能になります。だから、江戸時代には、ナンバ走りは特殊技能として特別な人たちだけが秘伝として行っていたのです。その特別な人たちというのは、表の世界では飛脚で裏の世界では忍者です。特殊技能であるナンバ走りができるのだから、それは高給が稼げたはずです。

それは、今も昔も同じで、特殊技能はお金になるので、みんな特殊技能を身に付けようと躍起になって頑張るのです。そして、特殊技能ですから、簡単に他人には教えません、秘伝ですから。今は特許ともいうらしいのですが。だから、誰にも教えません。

江戸時代の長者番付を見ると、飛脚はかなり上の方にランクされていることも、驚くにはあたらないでしょう。忍者に関しては、どれくらいの金額で仕事を請け負っていたのかは様々ですが、安くはなかったと思われます。家康につかえた忍者の服部半蔵は、いまだに東京で半蔵門という名を残しているくらいですから。忍者恐るべき。だからナンバ走りという特殊技能に対する世間の評価は、昔は非常に高かったものと思われます。そして、今一度ナンバ走りの価値を見直してもらおうと、この本を書いています。

ナンバ走りは特殊技能だったので、映画やドラマの時代劇を撮るときに現代の走りを使うと、非常に違和感を覚えるし、すぐに着物が着崩れてしまいます。そこで、時代劇を撮る場合に、時々ナンバ走りの指導で声がかかりました。NHK金曜時代劇「人情届けます」、映画「サムライマラソン」、NHK大河「どうする家康」などで、ナンバ走りを指導しました。役者さんに何度かナンバ走りを指導して、大体出来るところで撮影に入ります。撮影のスケジュール上、完璧にできるところまでは時間が足りないので、ポイントだけを指導しました。しかし、着物が着崩れない程度には仕上げ、草履を履いても走れるようには指導しました。

時代劇でこういうリンバ走りの映像が流れると、時代劇の中でも自然に溶け込みます。しかし、時代劇の中で現代と同じ走りをしていては、非常に浮いた絵になってしまいます。それに気づかない映画人や役者は、勉強不足としか言いようがありません。時代劇を撮るなら、江戸時代の特殊技能であったナンバ走りを、映画やドラマでも再現してもらいたいものです。

衣装や家具、街並みなどは、しっかりと時代考証をして再現しています。しかし、動きについて時代考証しないというのは、片手落ち以外の何物でもないでしょう。現代の動きと江戸時代までの動きは、全く違うものですから。殺陣師などという仕事があるのなら、ナンバ師という仕事があってもいいのではないかと思うのですが。

6 「気を付け」はホントに良い姿勢？

江戸時代までの日本人が普通に行っていた、和装でナンバの動きだったのが、なぜ消えてしまって現代に伝わっていないのか。これは素朴な疑問として、みんなにあると思います。

まず、幕末維新に幕府軍と革命軍の戦のために、西洋の鉄砲や大砲などの兵器を大量に輸入しました。この大量の兵器を輸入しても、使い方や戦い方の指導を受けないと何もできません。そこで、西洋式の軍隊訓練も同時に輸入したのです。陸軍は、フランス陸軍の訓練法を取り入れ、着物から洋服に着替え、草鞋から靴に履き替え、動きも整列、行進、走ることもフランス式で指導しました。洋装だから、身体を捻じってもうねらせても、踏ん張っても問題ありません。そういう事から、ナンバの動きが崩れていきました。

余談ですが。幕末維新に、鬼の副長と恐れられた新選組の土方歳三がいます。幕末の京都で、剣を持って志士たちを惨殺し震え上がらせていたことは有名です。そのうえ、新選組を組織立てるため、局中法度という考えられないくらい厳しい規則でもって統率していました。その土方が、鳥羽伏見の戦いに剣で挑み、銃に敗れました。それから戊辰戦争で、函館まで戦いながら北上しました。つい先日まで、浅黄色の袖口を白くダンダラに染めた羽織を着て、飛び回っていた土方が変身したのです。その時の写真が残っていて、有名な一枚になっています。チョンマゲを落としザンバラ髪で、西洋式の軍服を着てブーツを履き、腰に刀を差しています。確かにイイ男です。しかし、この写真は非常に奇妙です。和と洋の、なんとも言えずバランが崩れています。

土方自身は幕府軍と戦って、もう刀や槍の時代ではなく、銃や大砲の時代だと充分に理解しているのです。それなのに、髪や服装は西洋式にしても、刀を差しているのです。そして、最後の土方は馬上刀を振り上げて、幕府軍に突入しようとして銃殺されているのです。土方は、時代に乗り切れなかったというより、最後までサムライ魂をもって生を終わりたかったのではないかと思います。そういう土方の生き方は、人々の共感を呼び人気も高く私も好きですが、どうしても悲しさが伴います。

また、軍隊の整列や行進などは、身体の合理性に合わせて考えられたものではありません。上官や大将へ、いわゆる権力者に対して、どう見えるかという見た目だけを意識したものなのです。ただ揃っていればいい、一糸乱れず動いているのが良いと、ロボットが動いているようなものが気に入られたようです。権力者というのは、服装から動きまで何でも揃っているのが好きなのです。当時の武士たちは、この西洋式の動きをとても変な動きだと嫌がっていたようです。その武士たちの感覚は、今でも正解だと思います。

見せるための動きですから、人間らしさは必要なく、石や木のようでもいいし、動きさえ揃っていればいいという発想です。権力者たちは、動きの中身はどうでもよく、揃ってさえいれば満足するようです。そして、号令一つで、全体の動きをコントロールできるのが好きみたいです。権力者にとっては、自分が支配しているんだと強く感じられることが大事なのでしょう。そして、権力者たちは、個性というものが嫌いなようです。

今の学校の運動会や体育祭などに受け継がれている、ロボットが動いているようなものです。

私は、個性を感じられないので変な動きだと思います。だから、40年間体育実技を指導してきましたが、気を付けや整列、行進などは一度も生徒にやらせたことがありません。こんなですから甲子園の入場行進など、あまりに変な歩き方なので気持ち悪いくらいで、とても見ていられません。現代ウォーキングも、こういう動きの延長線上にあるのだと思います。

ちょっと考えてみましょう、「気を付け」の直立不動の姿勢がいい姿勢ならば、いつまでも立っていられるし「休め」は必要ないと思います。まして権力者から見れば、気を付けは非常に気持ちのいいものだからです。なぜなら、自分の前で直立不動で揃っていると いうのは、権力者の支配欲を十分に満足させるものだからです。しかし、「気を付け」は、両手を身体にくっつけて両脚もくっつけます。これは、非常に不自然な姿勢で無駄な力が入りすぎます。脇は軽く開けておいた方がいいし、両足も軽く開いておいた方が楽なのですが。この不自然な姿勢は長時間続けられないので、「休め」が必要になるのです。

それなら、最初から「休め」の姿勢でいいではないかと思うのですが、それでは権力者は納得がいかないのです。権力者を納得させるために、窮屈な「気を付け」が行なわれているのです。

多くの人間を「気を付け」させる支配感は、権力者にとってはたまらなく気持ちのいいものでしょう。こういう発想があるから、合理的なナンバ歩きを、軍隊式の現代ウォーキングへと変えていったのです。ナンバ歩きで行進しても一斉に揃わないけど、現代ウォーキングなら行進が揃って見栄えが良いというだけの話です。すべては見た目だけです。

現代ウォーキングというのは、見た目は元気そうな歩きにみえるけど、身体を痛める危険を抱えた歩き方です。こういう身体の連動性とか、無駄な力を入れないなどということは一切考えられていない、西洋式の軍隊の動きが広がっていったのです。西洋式の動きは、軍隊式の流れを汲んでいるので、いまだに兵役があり軍隊での訓練期間が続けられている国があるので、この動きは消え去らないだろうと思います。


幕末維新に西洋の軍隊式として入ってきた動きが、明治になって学校教育の体育で富国強兵として受け継がれて現代に至っています。東京大学から日本の体育やスポーツが始まったのですが、どうも最初に方向性を間違ったようです。大問題なのは、イギリス生まれのスポーツとアメリカ生まれのスポーツが、同時に混在しながら日本に入ってきたことです。イギリス生まれのスポーツは、スポーツマンシップを中心に人間教育を目指したものです。ラグビーが代表的です。アメリカ生まれのスポーツは、プロを目指して見世物的な要素を多く含み、盛り上がればいいという発想で発展したものです。野球が代表的です。

この生まれも育ちも違うスポーツを、日本は浅はかにも混同させて扱い、それが原因でいまだにスポーツ界を混乱させています。教育的なスポーツと見世物的なスポーツを区別せずに取り入れて、同じように扱えば混乱するに決まっているのです。どこかで、このスポーツの生まれも育ちも違うということを、はっきりと区別しなければと思っています。

それに、富国強兵とか軍事的に扱おうとしたので、体育やスポーツに対して混乱は増すばかりです。それと大問題は、この学校教育が始まった時に、体育の先生として国が雇ったのが、大量の退役軍人の人たちなのです。軍人上がりの体育教師たちは、何の疑問もなく気を付け、行進、右向け右をほぼ強制的に指導したのです。軍隊での訓練法を、そのまま学校教育に持ち込んだのです。この悪しき伝統がいまだに尾を引いているので、体育授業も大問題なのです。

だから、日本に入ってきた運動は、遊びの延長の体育やスポーツではなかったみたいです。そこには、軍隊の訓練の代用のようなものが見え隠れしています。それを、現代まで引きずっているのが問題だと思います。だから、今の体育の授業も、軍隊訓練と受け取られかねないのです。みんな身に覚えがあると思いますが、学校で整列すること、行進することをいやというほど叩き込まれてしまうのです。楽しくもないし、何のためにという疑問も沸き起こってきます。しかし、そういうことを考えてはいけないのが体育の授業だったのです。そういう事の反動で、いまだにスポーツや体育を毛嫌いしている人がいることも確かです。体育に関わっている人間として、申し訳ないと思っています。

それと、日本が開国して、西洋に追いつけ追い越せという勢いに後押しされて、和装を何の未練もなく洋装に変えてしまったことも大きいと思います。何でもかんでも西洋のものが良くて、文明開化と浮かれすぎてしまったのです。鹿鳴館で洋酒を飲みながら洋装で踊り狂って、これで西洋に追いついたと、バカ騒ぎをしている場合ではなかったのです。これが間違いの始まりだと思います。着るものの着崩れとか、草履の鼻緒とかを意識しないで動けるということは、動きが雑になってしまい、心も雑になることを現わしています。その雑な動きだけではダメだと、軍隊式の動きが生まれたと考えるのは、少し深読みのし過ぎでしょうか。

ある程度の不自由や規制があるから、工夫する面白さがあるんです。自由の中からは、堕落が始まるしかないと思います。これは忘れてはいけません。日本人の民族衣装だった和装を捨て、民族の動きだったナンバを捨ててしまったのです。これは、チョンマゲを切ってザンバラ頭にしたよりも、衝撃的なことだと思います。近代化へ進んでいるつもりが、日本民族としての誇りを捨ててしまうという、大変なことをしでかしてしまったのです。

日本人は、ある意味西洋かぶれで、新しいもの好き、近代化や経済成長好きですが、日本の伝統文化を捨ててはいけないと思います。西洋好きと日本の伝統のバランスをとらないと、自分自身がなくなってしまいます。私は、和装もナンバの動きも日本の伝統文化だと思っています。

もう一つナンバを消滅させた大きな出来事は、第二次世界大戦に負けたことです。アメリカのマッカーサーが日本にやってきて、日本人の魂の支えである日本文化をことごとく禁止・破壊したことです。戦争の時に日本人の恐ろしさを十分に体験しているので、二度と日本人が立ち上がれないように日本文化を禁止・破壊したのです。

それは、逆の立場に立てばよく解ります。相手を征服するためには、言語をはじめその国の伝統文化を全部変えてしまうことが、一番手っ取り早いやり方ですから。だから、ある意味では、敗戦国日本としては、それは仕方のなかったことかもしれません。しかし、戦後失われたナンバをはじめ日本文化に対しては、残念というほかないです。でも、今からでも掘り起こせるものは、掘り起し復活させるべきではないでしょうか。長らく日本人の先人たちが育んできた文化を復活させたいと、そういう思いも込めてナンバと取り組んでいます。

第2章

ナンバを身に付けるためのいくつかの考え方

ナンバの動きを身に付けるということは、着物を着て着崩れず、草履を履いて鼻緒が食い込まないように動けるようになろうということです。そういう動きの方が、身体の自然にも沿っているし、効率的だし、パフォーマンスも上がるからです。そのためには、どう身体を動かしたいかという感覚を、ナンバ的にするということです。

これは、各自の持っている身体を動かす感覚だし、意識だといってもいいと思います。自分がとっている姿勢や動きは、固有のものですが固定的なものと考えないことです。単なる自分のクセと考えるようにします。クセなら変えることができるのです。悪いクセだと感じたら、良いクセに変えればいいだけです。そういう風に柔軟に考えるようにします。そのクセが、合理的であるかどうか、改善の余地はないかと考える思考回路を、できるだけ多く作るのです。

まず、自分の動きや姿勢に無理や無駄がないかどうかを探します。いまは簡単に映像が撮れるので、自分の姿勢や動きを観察しチェックするクセをつけましょう。次に、その見つかった無理や無駄を、どうすれば取り除けるかを考えます。そして、考えたことを試行錯誤しながら行動に移します。

これで楽になった、滑らかになった、目指しているものに近づいたと感じたら、それが定着するまで繰り返し練習します。意識してやっていたことを、無意識でも出来るようにするのです。

そして、いつでもどこでも再現できるようにするのです。そして、動きや姿勢のクセを、いい方向に変えていくのです。

次に、動きや姿勢をもっと身体の自然に沿った合理的なものにするためにはと、試行錯誤と創意工夫を繰り返して動いてみるのです。この時のヒントは、骨格の連動性にあっているかどうかを確かめることです。目標は、動きや姿勢を洗練させて、動きや姿勢の精度を高めることです。そして、いつでもどこでも再現できるようにすることです。こういう作業は、時間もかかるし苦労も多いのですが、これがものすごく面白いのです。

スポーツ選手や演奏家が上達しようと取り組んでいるのは、こういうことなのです。今の姿勢や動きを、上達するためにはどう変えて行ったらいいかという試みです。他人から見れば、よくあんなに練習できるものだなと感心されるのですが、本人からすれば意外と楽しみながら練習しているものなのです。それはそうです、練習を楽しめないで、一流になることは無理です。

動きを改善していくことが、上達するということです。改善した動きなら、より爽快感を感じられるようになるので面白くなるのです。姿勢や動きをクセと考えるなら、いくらでも変えることができます。いくらでも改良の余地があり、伸びしろがあるのです。そう考えると、自然と向上心が湧いてきます。

そこで、ナンバの動きを身に付けるために、いくつかのものの見方や考え方を紹介します。ものの見方や考え方ですから、いくらかは重なっているところもあるし、組み合わせなければならないこともあります。これらを自分に合ったやり方で姿勢や動きを、自分の明確な理想や目標に向かって変えていくのです。そうすれば、姿勢や動きがナンバ的になると思いますから、実際に動いて試してください。また、この考え方は、身体の姿勢や動きだけでなく、心にもその他いろんなことに応用できるので試してみてください。

1 身体と対話をする

「腹が減ったから○○が食べたい」「疲れたから眠たい」というのも、確かに身体の声を聞いていることだと思います。しかし、こんな事だけでは、身体との対話としては、いかにも貧しいものだと言わざるを得ません。ひょっとすると、単なる身体の欲望に耳を貸しているだけかもしれないので、もっともっと身体の声を聞くようにしましょう。身体の声を聞けば、改善できることはたくさん出てきます。身体は違和感や痛みを通して「動きや姿勢を変えてくれ」と叫んでいるのですから。逆に、気持ちのいいことには、爽快感で返してくれます。

姿勢に関して、まっすぐの姿勢がいろんなことの基本になります。まっすぐの姿勢というのは、壁を背にして踵、お尻、背中、頭を壁につけた姿勢です。この姿勢をとって、余分な力を入れないようにし、楽に立ちます。そのためには、気を付けの姿勢ではなく、腕も脇を少し開き、脚も軽く開いた姿勢です。こうしてまっすぐの姿勢をとると、頭が肩の前から見ても、横から見てもまん中に来ます。

この頭の位置というのが非常に重要で、頭蓋骨は大人で5～6キロもあります。これだけの重さのある頭でも、肩の真ん中に置いておくと、ほとんど重さを感じません。しかし、頭が前に出たり、左右に傾いていたりすると首や肩に余計な力が入ります。試しに、顔を少し前に出してみてください、首や肩に無駄な力が入るのを感じると思います。これが、肩凝りの原因になっているのです。

この頭の位置というのは、姿勢を取る時に非常に大事です。また、動きの中でも、頭の位置を意識するようにしましょう。しかし、多くの人たちは、この頭の位置に無頓着なので困ります。だから、身体は肩や首の凝りで「頭の位置を確認してくれ」と訴えているのです。この声に反応して、頭の位置を修正することです。バスケットボールのシュートを打つ時、野球のバッティン

負担の少ない〝まっすぐの姿勢〟

踵、お尻、背中、頭を壁につけて立つと、頭蓋骨の重さをまっすぐに支え、重さを感じないポジションになる。

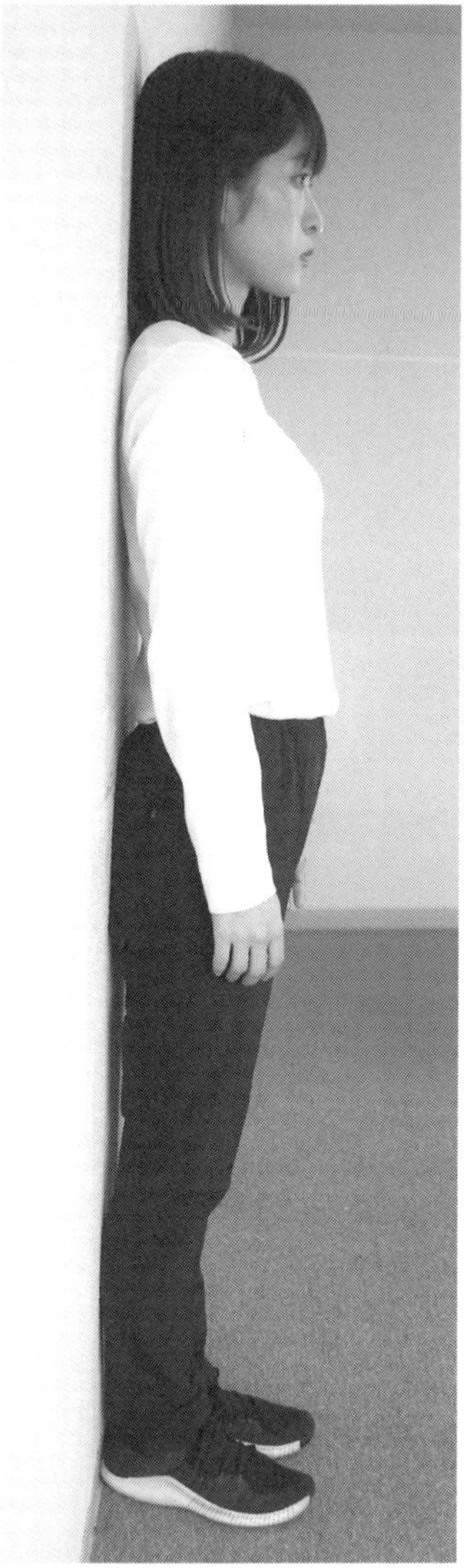

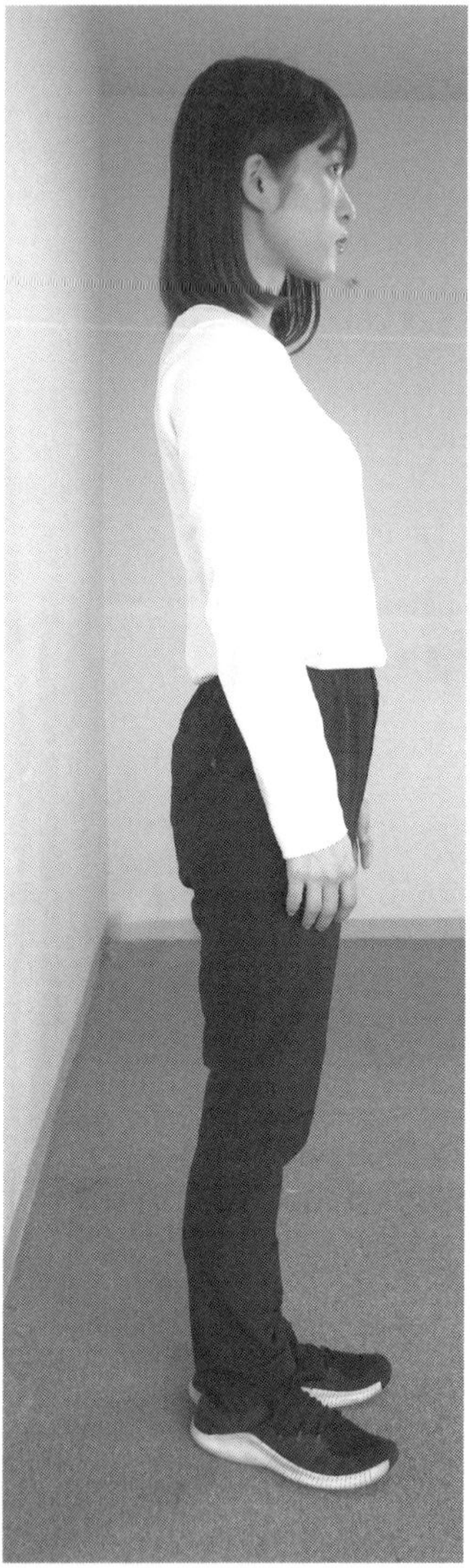

壁を背にした時の〝まっすぐの姿勢〟を常にとれる事が、さまざまな体勢、動きの中でも重要。

グの時、ゴルフのショット時に、頭が動くと致命的なことになります。すべてミスにつながります。ちょっと応用を考えてみましょう。傘を右手で差すとします。すると、右肩や首の右側が少し緊張します。これが張りや凝りの原因となるのです。こういう身体の小さな変化に、気付くようにしましょう。これが感性です。この右側の緊張を取るためには、顔を少し左に向けるといいのです。すると楽になります。

電車のつり革に、右手で掴まる時にも応用できます。右手でつり革を掴めば、少し左を向いた方が楽になることに気が付くようになりたいものです。気を付けなければならないのは、ほんの少し左を向くということです。左を向きすぎると、逆に左肩や首の左側が緊張するので、そこの加減を調整するのも面白いものです。こういうことも遊び心をもって、身体と対話するということです。

パソコンに向かって何時間も作業をしているから、肩が凝る、目が疲れるという人がいます。なにかパソコンが悪者のような言い方ですが、自分自身を振り返ってみてください。パソコンに向かって顔が前に出ていませんか、顔を後ろに引くだけで首や肩の負担がかなり楽になるはずです。

そして、脇を少し開くことで、肩に力の入りにくい姿勢になり楽になるはずです。また、パソコンの画面を、そんなに凝視しなくてもいいのです。パソコン画面をボヤーと眺めていても、必要なものは充分見えるはずです。自分の姿勢の悪さを棚に上げて、パソコンのせいにするのはお門違いではないでしょうか。これでは、身体と対話をしているとは言えません。

パソコンで肩が凝るくらいならまだいいのですが、ピアノを弾く場合を考えてください。ピアノを弾くときに顔が前に出ると、首や肩に無駄な力が入ります。そうすると、腕や指を自由に動かせなくなります。こういう姿勢でピアノを弾いて、自分の出したい音を出そうとしても無理があります。自分が表現したい音が出せないと、練習していても面白いわけがありません。そういうことで、ピアノから離れていく人も少なくありません。また、そういう無理な姿勢での練習を続けていたら、身体を壊しかねません。こういう、ちょっとした身体の声を、聞き逃さないようにしないと大変なことになります。

正しい姿勢でピアノを弾いていたら、身体の局部に無理な負担はかからないはずです。ピアノを弾いている人が、「練習のしすぎで腱鞘炎になりました」というのを聞くと、何をピント外れなことを言っているのだと呆れます。手首に負担がかかるような姿勢や動きをしているので腱鞘炎になっているだけで、練習しすぎでは決してないのです。どこかで、自分を過信しすぎていま

ピアノ演奏時の負担の少ないポジション

鍵盤に指を置いた時、手首よりも肘の位置が高いと、手首に負担がかかる。

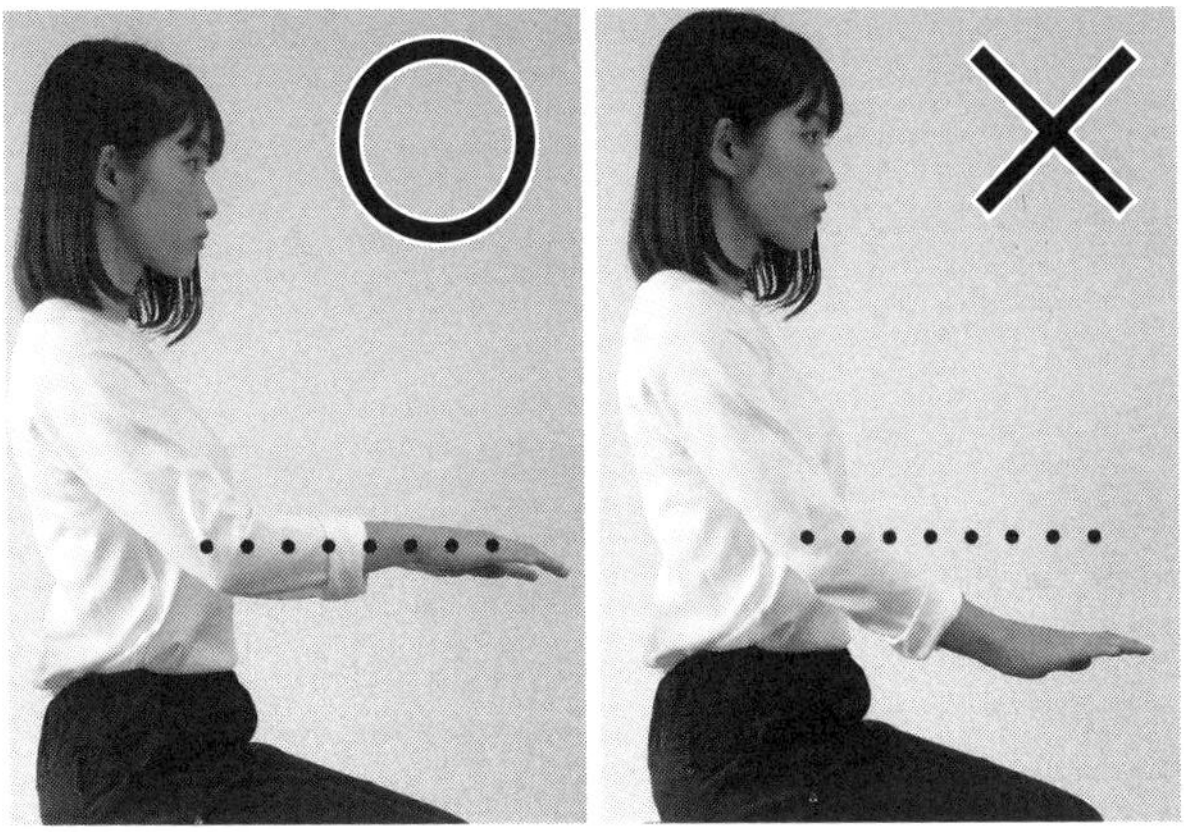

肘と手首に差がないのが負担のかかりにくいポジション。

す。反省を。

手首に負担のかかる姿勢というのは、横から見て鍵盤に指を置いた時に、手首の位置よりも肘の位置が高い場合のことです。これでは、手首が折れ曲がり、無理な力がかかります。こういう姿勢だと手首に負担がかかり、痛みの原因になるのです。こういう事に気づけば、腱鞘炎を未然に防げるのです。

なのに、故障したのを練習のしすぎと結び付けるのは、いかにも短絡的です。練習しすぎというのは、毎日10時間以上練習している人のことです。それでも故障しない人たちが、超一流の演奏家になっているのです。自分の姿勢や身体の使い方を、もう一度振り返ることを忘れないでください。身体の局部が痛くなったのは、姿勢か身体の動かし方が悪いのではないかと省みる謙虚さが必要なのです。

こういうことは、様々な場面で起こります。身体を動かした後で、局部に疲労が残っている時には、全身が運動に参加していないのではないかと疑問を持つことが大事です。そして、その運動にどうすれば全身が参加できるかを考えて、試みることです。身体は痛みで、姿勢や動きを変えてくれと訴えているのを思い出してください。

身体の声を聞くだけで、姿勢を改善することができます。日常生活での姿勢、スポーツを行う時の姿勢、楽器を演奏するときの姿勢など、様々な姿勢を身体と対話しながら改善していけば、日常生活は楽になるし、スポーツのパフォーマンスは上がるし、楽器の音が良くなることは間違いありません。もう一度自分の姿勢のクセを見直してみましょう。一つの方法として、自分の姿勢や動きを写真や動画にとって確認することです。自分の描いているイメージと実際の姿勢や動きには、かなりの違いがあることに気付くと思います。自分では無意識にとっている姿勢を、意識的にしたり、観察して修正するだけで、痛みやパフォーマンスが驚くほど変わります。

動きについての身体との対話をどうとるかは、ナンバ式骨体操というものを発表してきたので体験してもらいたいと思います。ナンバ式骨体操というのは、身体を動かしたときの身体からの声を聞き、どう動かせば身体のバランスが整うかを試していくものです。実際にナンバ式骨体操を体験すると、身体ってこういう風になっているんだと実感できます。

例えば、一般的な前後屈などというものは、やらされたことはあっても、やり方を習ったことはないと思います。運動の指導者は、こういう事を指導しなければならないのに、身体についての勉強不足ではないでしょうか。前屈をするときに、立った状態から上半身だけを前に倒していってください。このときの身体の感覚は，脚の後面（フクラハギや太ももの裏側）だけが伸ばされます。これでは、局部にしか負荷がかかっていません。局部に負荷がかかるのは、よくない動きに分類されます。局部に負荷がかかる動きは、やがて痛みを発生する原因にもなります。

それを、腰を後ろに引きながら踵重心になるようにして、それから上半身を前に倒していきます。こうすると､脚の後面だけでなく背中まで伸ばされます。身体の背面全体が伸ばされるので、気持ちよく感じます。全身を使って前屈していることになります。前屈をするなら、こうした方が身体の声に従っているというものです。

次に、後屈をするときは、立った状態からそのまま上半身を後ろに反らせていくと、すぐに腰が詰まったようになり痛みを感じます。そういう後屈のやり方は､身体にとって良くないのです。その後屈の場合は、お尻に手を当てて腰を前に押し出すようにすると、つま先重心になります。その状態で上半身を後ろに反らせていくと、楽に後屈ができます。これが、正しい後屈のやり方です。

◆前屈

立った状態から上半身だけを前に倒していくと、脚の後面だけが伸ばされる。すなわち局部に負荷のかかった、あまりよくない動きになっている。

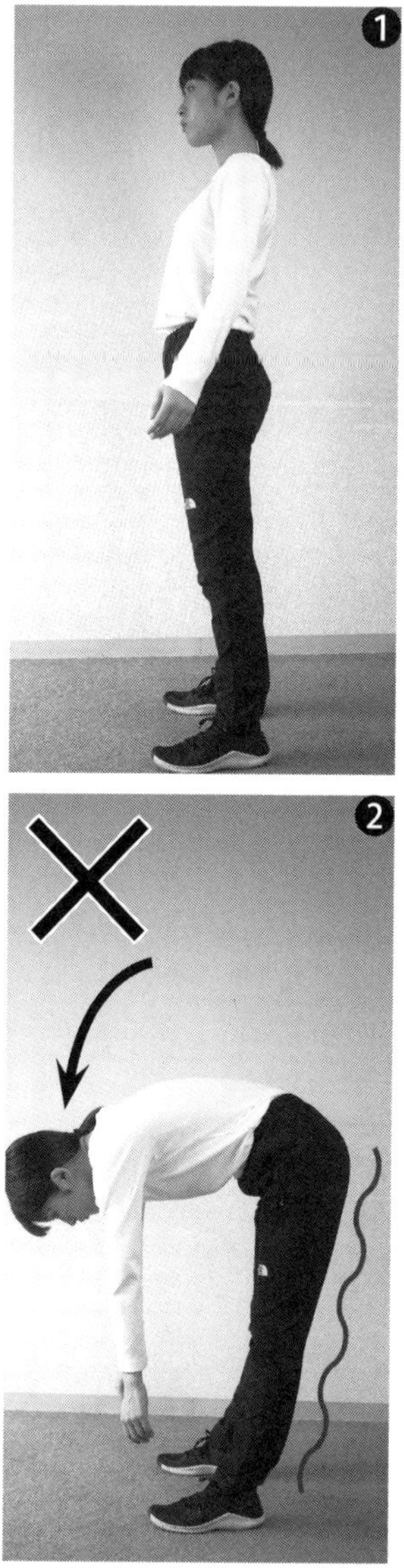

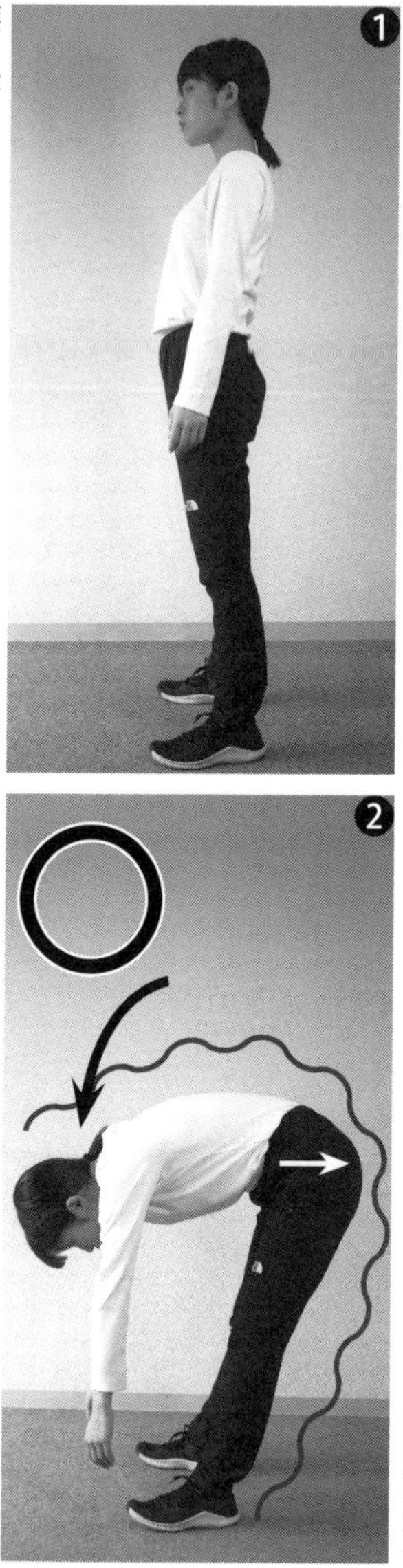

腰を後ろに引きつつ、踵重心になりながら上半身を前に倒していくと、脚の後面だけでなく背面全体が伸ばされる。全身を使った前屈になり、気持ち良さを感じる。

◆後屈

立った状態からそのまま上半身だけを反らしていくと、腰が詰まったようになり、痛みを感じる。

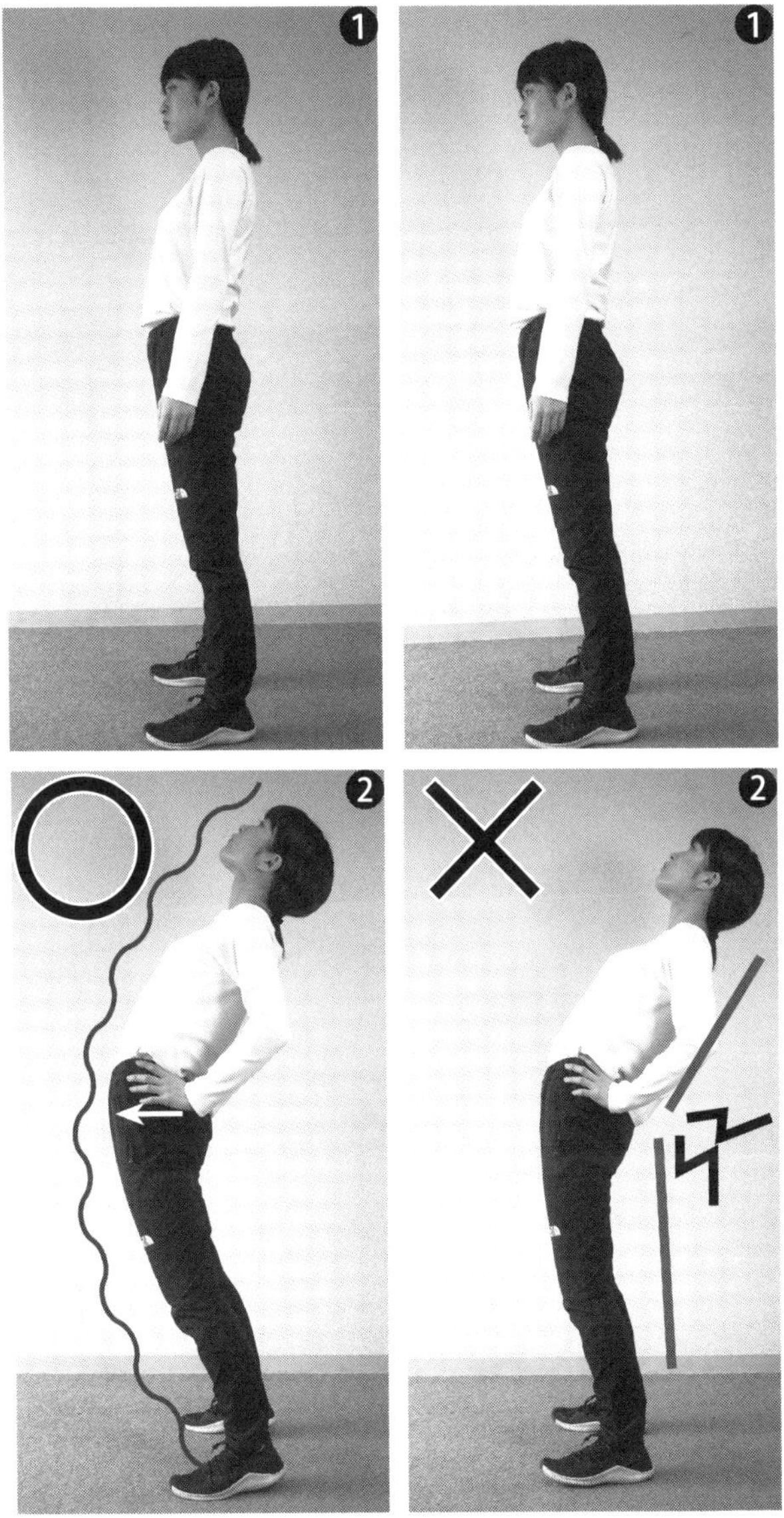

お尻に手を当てて腰を前に押し出すようにしてつま先重心になりつつ倒していくと、前面全体が伸ばされ、楽に倒す事ができる。

これは実感しやすいので、すぐにその場で立って試してみてください。

この前後屈という運動を、今まで何も考えないで行っていたと思います。しかし、やり方によっては身体を痛める運動にもなり、やり方によっては気持ちいい運動にもなるのです。そういう違いに、気付くことが大事なのです。

ここで立って、実際に自分で試してください。これで驚かないようなら、身体に関して鈍感すぎます。そして、運動の指導者は、こういう身体の構造を体感させる指導をする必要があると思います。

前後屈の正しいやり方を知ったところで、いま前屈と後屈を行い、どっちの方が何ともないか(快)、やりにくいとか痛みや違和感がある方はダメな方かを(不快)、感じ取ります。これが、快か不快かのチェックです。そして、身体との対話でもあります。何ともない方が気持ちのいい方向で、気持ちのいい方だけを4回動かします。その後で、いま動かさなかったダメな方を試してみると、最初よりも楽になってバランスが整ったことを感じる体操です。

このナンバ式骨体操が普通の体操と違うところは、前後や左右を同じ回数だけ動かすのではなく、最初に前後や左右に動かし快・不快の感覚を調べるチェックを行い、気持ちのいい方向にだけにしか動かさないということです。こうすることによって、骨盤や胸郭、膝や足首の歪みを矯正していく体操なのです。ナンバ式骨体操は、12種類の体操から成り立っています。ここでは全部紹介しきれません。興味のある方は、立ったバージョンは『バイオリン骨体操』、座ったバージョンは『ピアノ骨体操』（音楽之友社）を参考にしてください。

このナンバ式骨体操を毎日行うと、身体との対話をしながら身体のバランスを整えていくということが自覚できるようになります。この体操を始めて最初のころは、身体の声がよく聞けずに、快か不快の感覚が解りにくいかもしれません。しかし、簡単に諦めないでください、最初から簡単に出来ることではないのです。

根気強く続けていると、だんだん身体の声が聞きとれるようになりますから。そうすると、自分の身体に関心が向くようになり、身体の感覚に敏感になっていきます。普段は無視しがちな自分の身体に関心が向くだけでも、毎日が変わってきます。そして、身体が何を求めているか、身体の声を聞くようにするのです。これがナンバの基本体操で、講習会でも授業でも最初に行っているものです。

こうして身体との対話能力を高めていくと、日常生活で動いても、スポーツでプレーしても、身体で楽器を演奏しても、この動きで理にかなっているかどうかをチェックすることが出来るようになります。ナンバ式に言うと、動いた後でただ疲れているのはあまり良い動きではなく、動いた後の方が身体の調子が良くなっている動きが良い動きとしています。

身体を活性化するというのは、悪い動きではダメで、良い動きで動いた後のことだけです。動きが良いか悪いかを、身体に聞くのです。その聞き方が、身体を動かしたときに、何ともない（気持ちいい）のが快の動きで、動きにくかったり、違和感があったり、痛かったりというのは不快な動きとして区別しているのです。動きにくい、違和感、痛いというのは、身体からの「その動きは嫌だ」という叫びだと受け取ればいいと思います。筋肉任せに無理やり身体を動かすなどは、もっての外です。

ナンバでは、身体との対話の応用として、心との対話、他者との対話、自然との対話などと広げて行って、さまざまに展開しています。そういう対話を行う時にも、快・不快を基準にして、快の方にのみ動かす（対応）するようにして進めていきます。こういう風な展開も、非常に面白いので試みてください。

2 骨意識で動かす

身体を動かすときは、筋肉で動かすのが普通でしょうというのが一般的とされています。しかし、この一般的、常識、当たり前が曲者なのです。私も筋肉のことは、西洋運動理論で散々学んできました。しかし、筋肉というのは非常に器用なのですが、器用であるからこそちょっと力が入りすぎたり、ちょっと力が足りなかったりと微妙に誤差が生じるのです。器用だから、やりすぎで間違いも犯しやすいということです。だから、同じ動きを再現するというのが、困難になってしまうのです。この器用な筋肉を、自由自在に扱おうとするのは非常に難しいのです。

スポーツや楽器演奏では、この微妙な誤差が大変なことになります。正確な動きでないと、パフォーマンスや音の失敗に繋がるのです。そして、再現性も難しくなります。だから、ナンバでは、筋肉ではなく骨意識で身体を動かすようにと言っているのです。不器用な所を意識して使った方が間違いは少ないし、再現性も高くなります。そのことを理解してほしいと思います。身体を動かす時には、骨を動かす意識でということです。

また、筋肉というのは、脳からの指令で動いていることは知っていると思います。その脳からの指令というのは、筋肉に対して「収縮しろ」の一つだけです。筋肉に対して「弛緩しろ、力を抜け」という指令は出せないのです。これが厄介なのです。筋肉は「収縮しろ」のスイッチが一つで、そのスイッチがオンかオフかだけなのです。

だから、筋肉を緩めよう、リラックスさせようと思っても、そういうスイッチはないのです。

力を抜こうなどと意識すると、脳は混乱してしまいます。そういう筋肉を、自由自在に思いどおりに動かそうとするのは、非常に難しいことです。筋肉に対して「収縮しろ」のスイッチを完全にオフにすれば、筋肉は弛緩します。しかし、このスイッチを完全のオフにするということが、非常に難しいのです。ちょっとしたことで、収縮オンのスイッチが入るようになっているからです。だから、スポーツ選手や楽器演奏家たちが、筋肉を意識して求めている動きを創り上げようとすると、かなり苦労することになります。

ちょっと例を出します。直立して、腕を自然に垂らしてください。この腕を肘のところで曲げて前腕を上に持ってきてください。そう言うと普通は、筋肉意識で腕を曲げます。筋肉意識はいいのですが、肘のところで曲げるときには、腕の内側の筋肉だけで曲げるのですが、よほど意識しても外側の筋肉にも力が入ります。腕の外側の筋肉は、腕を伸ばすときに使う筋肉です。また、曲げて上げてきた腕を伸ばすときは、腕の外側の筋肉だけ使えばいいのですが、内側の筋肉にも力が入ります。実際に動かして試してください。簡単に出来るでしょうか。

このように曲げる筋肉だけに力を入れて、伸ばす筋肉だけに力を入れてと使い分けることは、非常に難しいのです。

そこで、肘関節だけを意識して、肘関節を曲げる・伸ばす…と動かすと、その骨を動かすのに

余計な筋肉に力を入れない練習

腕の外側の筋肉だけを使えば伸ばした状態に（写真右）、内側の筋肉だけを使えば曲げた状態になるが（写真左）、実際には、腕を曲げる時にも外側の筋肉をわずかながら力ませてしまいがち。この、本来力まなくていい筋肉を力ませないためには、腕でなく肘関節だけを意識するようにすると必要な筋肉だけを仕事させられるようになる、

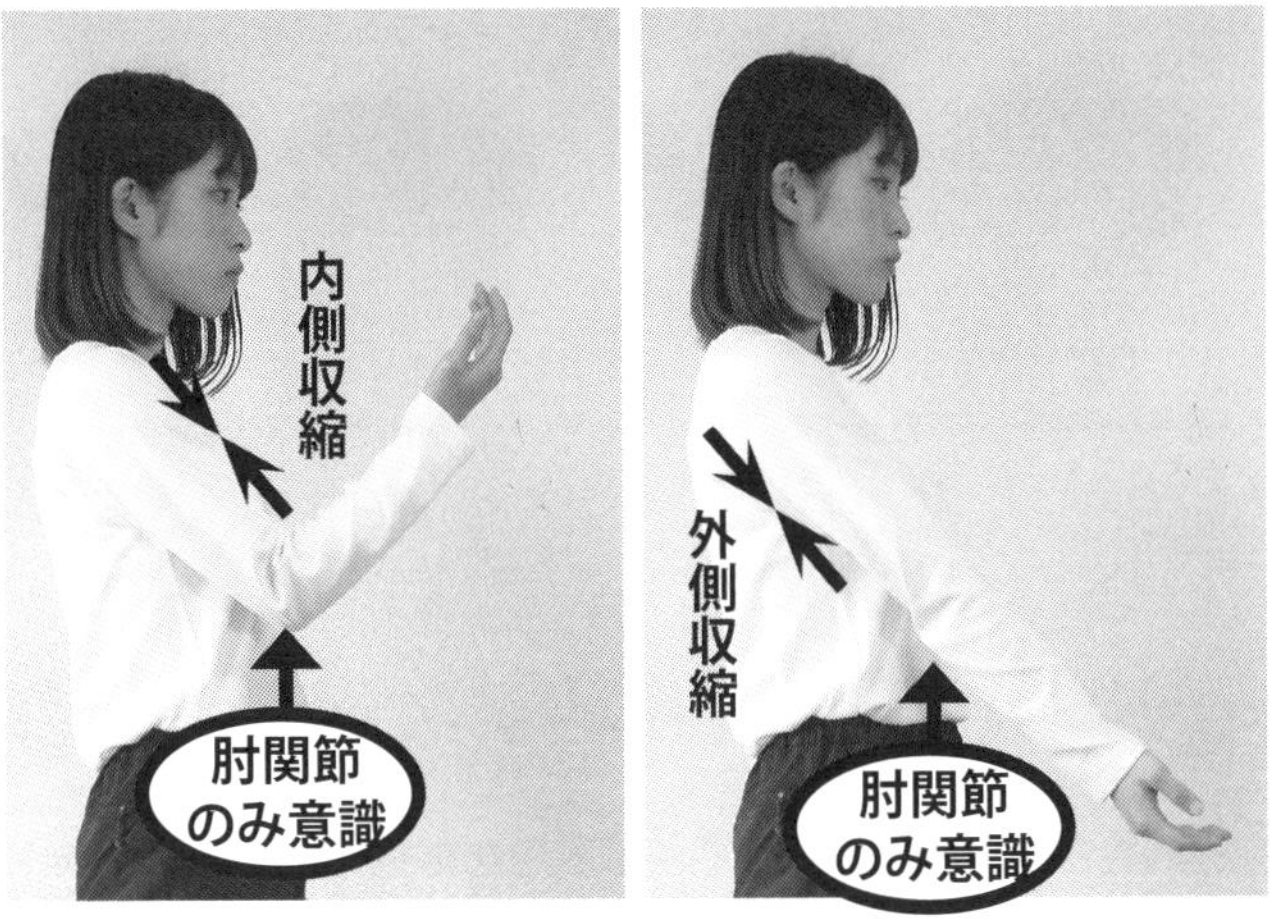

必要な筋肉だけが仕事をするので、結果的に余計な筋肉には力が入りません。肘を曲げるときは、曲げるのに必要な筋肉だけが仕事をすることになります。また、肘関節を無視しても、手の平の骨を肩に持っていこうという骨意識で肘を曲げても、曲げるのに必要な筋肉だけが仕事をすることになります。要は、腕を動かそうと意識すると、どうしても筋肉で動かそうとします。それを、関節や骨を動かそうと意識するように変える

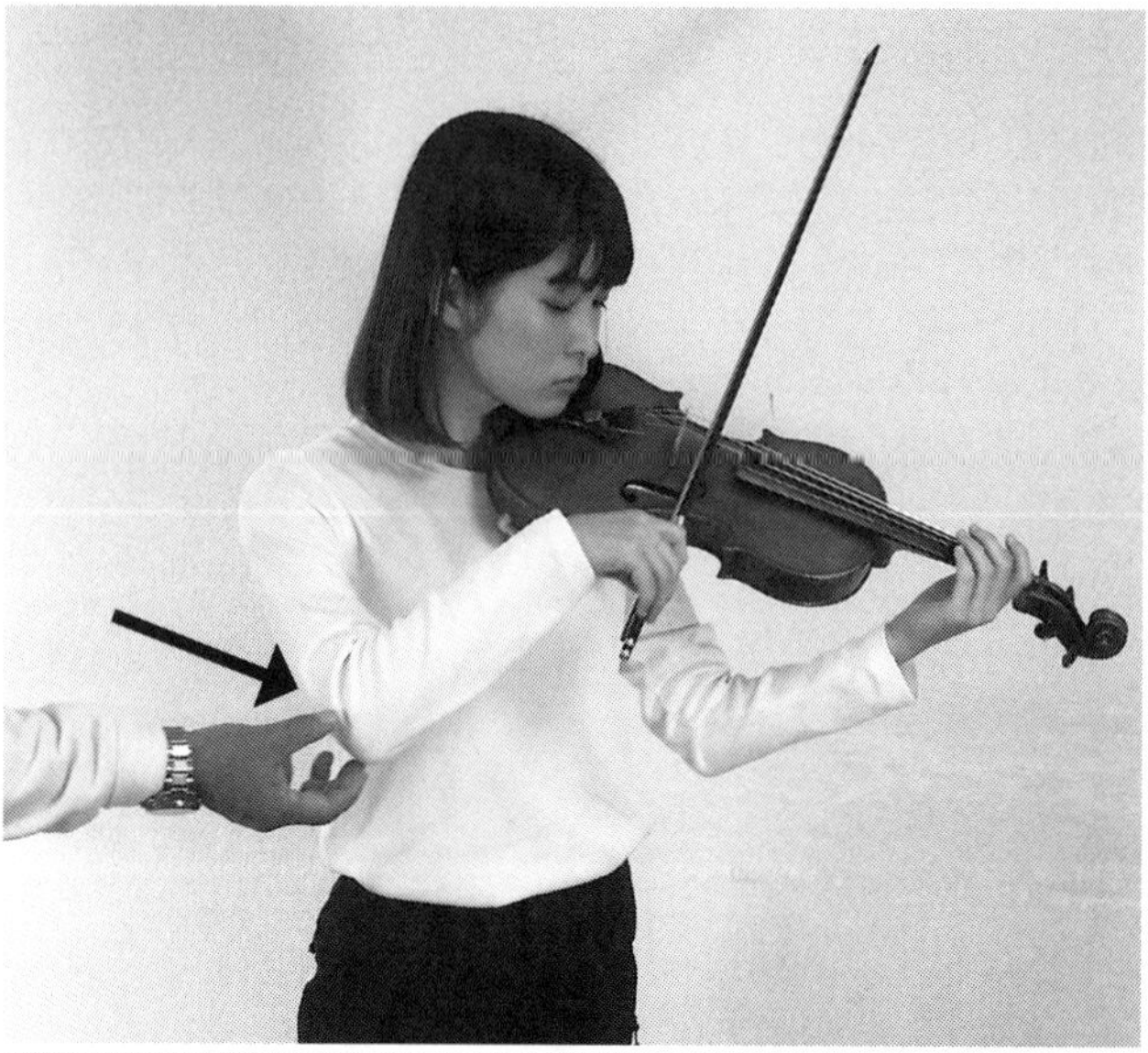

バイオリンの演奏では、弓を操る右腕の曲げ伸ばしに余計な力が入っていない事が大切。誰かに肘を軽く触られた状態で弾くと、肘関節が意識され、筋肉から意識が離れるため、余計な力が入らず、自由に右腕を扱うことができるようになる。この〝触られる手〟は輪ゴムなどで代替可能。

のです、そうすると骨を動かすのに必要な筋肉だけが仕事をするようになります。どんな運動をするときでも、骨意識で動くようにする方が、筋肉を効果的に使えるヒントになると思います。

実際に応用した例としては、バイオリンを弾くときに、左手はひたすら訓練すれば、正確な音階で弦を抑えることは誰でも出来るようになります。音色を調整するのは、右腕で弓をどう扱うかです。右腕の微妙な使い方で、音色が変わってくるのです。弦楽器は右腕をどう使うかで、演奏の上手い下手の差がついてきます。この右腕で弓を扱う時に、実際に弓を動かして弾いている時に、右肘を軽く触ってやるのです。そうすると、右肘を触られることにより、意識が筋肉から離れることになります。だから、右腕の余計な筋肉の緊張が取れて軽くなり、自由に右腕を扱うことが出来るようになります。

しかし、いつも誰かに右肘を触ってもらうわけにはいかないので、練習の時に右肘に輪ゴムでも巻いて肘に意識をいきやすくすると、筋肉の余計な緊張を取ることができます。

バイオリン演奏の上級者は、それを自分でコントロールできているのです。多分それは、腕を動かすときに、肘関節を動かすように意識しているのだろうと思います。

また、ピアノを弾くときの、指の意識を変えるようにします。今までよりも指の根元を手首から指と意識して、この長い指の骨を動かしてピアノを弾くようにします。すると、指を動かすための一本一本の筋肉が独立して動くようになります。まず、左手の指を軽く伸ばして、手首からが指の骨だと意識して動かします。その時に、右手で左前腕を軽くつかむと、一本一本の筋肉が動いているのを感じることができます。これが一本一本の指を動かすのに、必要な筋肉だけが仕事をしているということです。

この指を動かすときに、手の平の筋肉で動かそうとすると、腕全体に力が入ります。これは、無駄な力が入っているだけで、良い動きにはなりません。だから、ピアノを弾くときには、指の骨を動かす意識で弾いた方が、腕の無駄な疲れが少なくなるし、指のコントロールが自由に出来るようになります。そうやって練習していけば、上達すること間違いなしです。

私は大学のバスケットボールのコーチもしているのですが、練習を見に行くと3～4時間立ったままです。この時に、骨で立つように意識しています。具体的には、膝関節と骨盤で立つ意識です。脚の筋肉は意識しないようにし、膝をまっすぐにして骨盤を立てるようにするのです。上半身もできるだけ筋肉を意識しないで、胸郭や頭蓋骨を骨盤の上に真っすぐに置くようにします。

そうすると、筋肉に必要最低限の力しか入らないので、長い時間立っていても疲れるということがありません。これも骨意識で動かすことを指導するようになって、自分で立つという姿勢を工夫したものです。

立っているよりも椅子に座っている方が楽だという人もいます。しかし、骨の構造からいうと、椅子に座った方が立っている時よりも腰椎に負担がかかり、これが腰痛の原因になっているとも言われています。そして、現代人は、日常生活で椅子に座っている時間が長くなってきたために、腰痛もそれに沿って増えてきたとも言われています。この意見に賛成とか反対とかいう前に、自分で確かめてください。意見を言う前に、行動することです。

立っている状態から歩き始めるときには、重心を少し前に崩すと自然に脚が前に出ます。重心を崩し脚が前に出る、の繰り返しが歩くということです。そして、脚を前に出すときは、股関節から動かす意識で動かします。膝とか足首ではなく股関節から動かすことを意識することで、身体の中心から動き始めるという感覚が身に付きます。骨盤を意識して歩くと、胸郭との捻じれが起きやすいので股関節を動かす意識の方がいいと思います。

こういう風に自分の身体で試して実感できたら、いろんな動きを骨意識で動かすようにします。自分の身体をオモチャだと想定して、そのオモチャで遊ぶような感覚でやればいいと思います。

余計な筋肉を使わない歩き出し

立っている状態から歩き出す際、脚の筋肉で蹴り出すのでなく、ただ、重心を前に崩す事によって自然に脚が前に出る。この繰り返しが歩みになる。膝や足首でなく股関節から動かす意識によって、身体の中心から動き始める感覚が身に付き、無駄な緊張が取れて動きがスムーズになる。

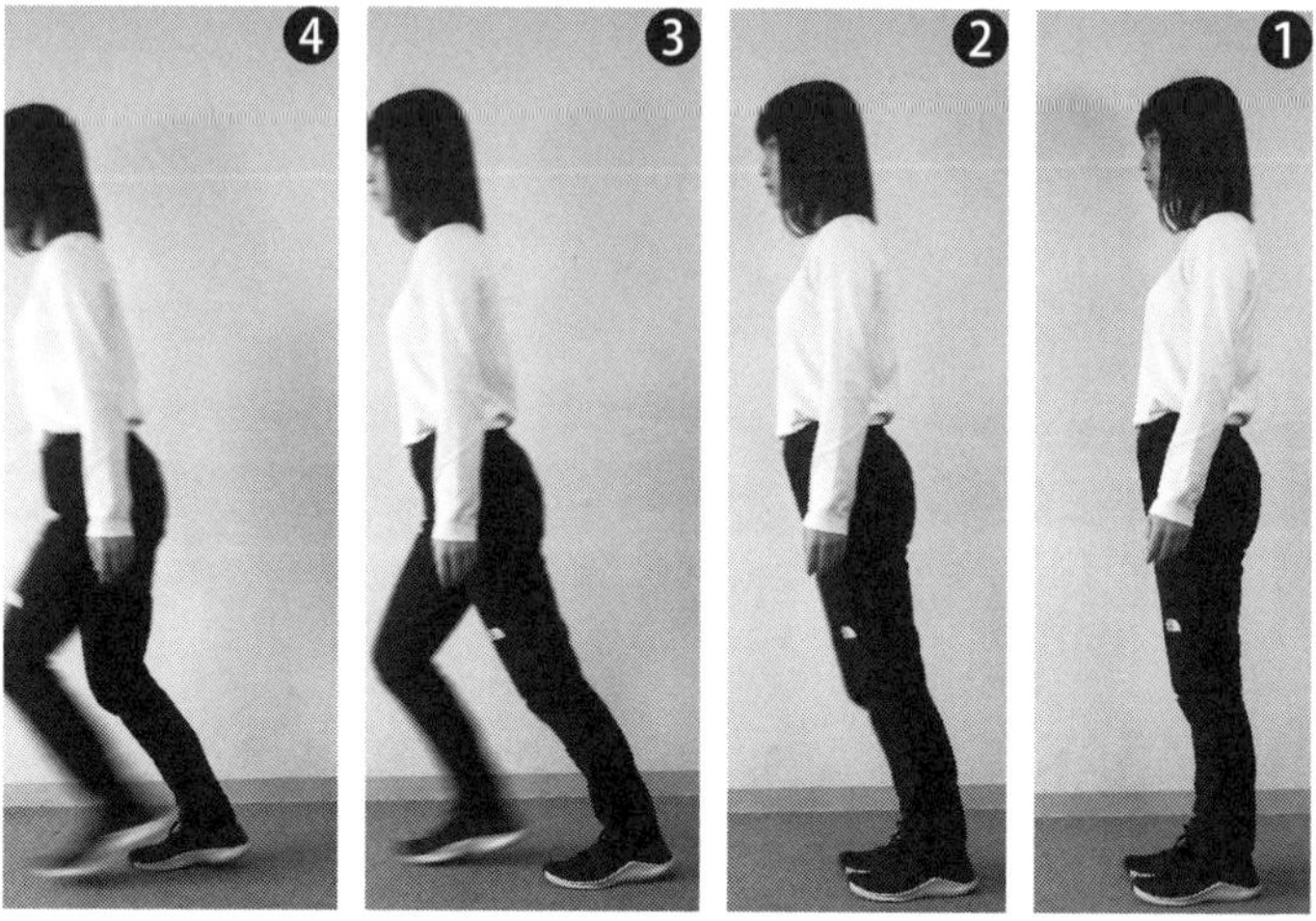

そうすれば、無駄な筋肉の緊張が取れて、動きが滑らかになってきて、洗練されてきます。こういうことが上達するということです。

動きが滑らかになれば、その副産物として違和感や痛みから解放されます。動きの滑らかさを邪魔しているのは、筋肉の無駄な緊張なのです。いかにして筋肉の無駄な緊張を取るかというのは、骨を意識して動かすということにヒントがあります。もう一つ付け加えると、筋肉意識で力任せに動くのではなく、骨意識で器用に動くようにしようということです。

捻じらない〝平行四辺形システム〟

通常の状態の身体を〝直方体〟のように考え、各面の長方形を平行四辺形につぶすように動くことによって、捻じったりうねったりする動きを防ぐことができる。

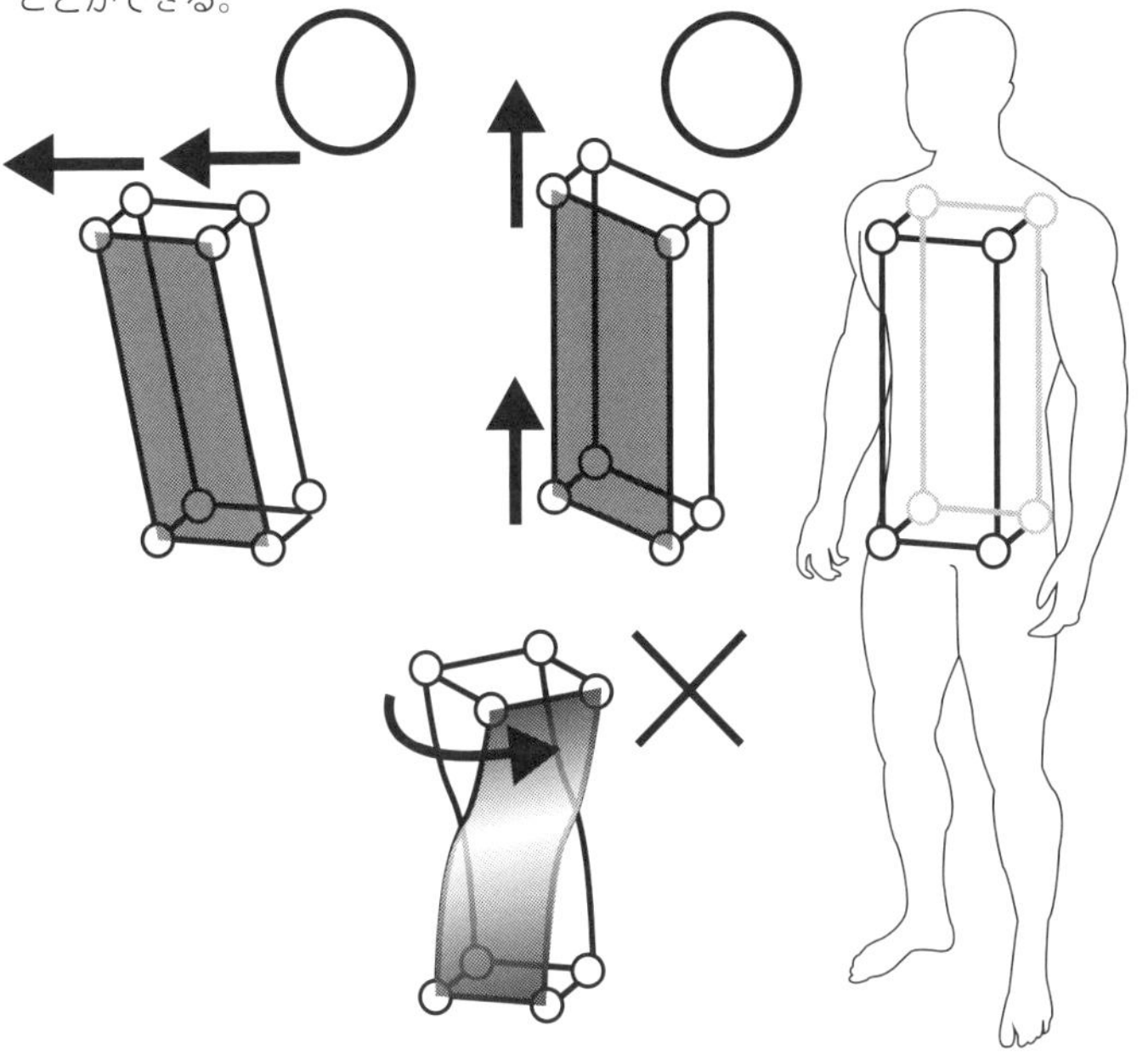

3 ナンバ遊び

骨を意識的に動かして、身体を平行四辺形につぶしていくというナンバ遊びを考えたので紹介します。ある意味、この身体を平行四辺形につぶすことが、ナンバの動きの基礎といってもいいと思います。なぜなら、身体を平行四辺形につぶすことによって、身体を捻じったりうねったりする動きを防ぐことができるのですから。身体を平行四辺形につぶすことによって、着物を着て動いても着崩れなくなるのです。

まず、胸郭を3方向（前・横・上）から見て、骨を意識して動かして平行四辺形につぶしていきます。まず、胸郭を前から見て平行四辺形にするには、立っても座ってもいいのですが、肩をゆっくりと水平に左右に動かします。肩を水平に動かすことが大事です。

次は、胸郭を横から見て平行四辺形につぶしていきます。立っても座ってもいいですが、胸郭の胸側を引き上げて背中側を引き下ろします。次に、胸郭の胸側を引き下ろして、背中側を引き上げます。胸側は肋骨、背中側は肩甲骨を意識して動かすとうまくいくと思います。

そして、頭上から見て胸郭を平行四辺形につぶしていきます。立っても座ってもいいから、胸郭の胸側を右に動かし、背中側を左に動かします。次には、胸郭の胸側を左に動かし、胸郭の背中側を右に動かします。ちょっと腕を利用すると、上手くいくと思います。

胸郭を平行四辺形につぶす動きの時に、肋骨や肩甲骨を意識的に動かせば、より簡単に出来るようになります。こういう動きは、真剣にやっていたら馬鹿らしくなり続きません。だから、遊び感覚でやるのです、毎朝の洗面所で鏡に向かってナンバで遊んでいれば、胸郭を自由自在に動かすことができるようになります。また、トイレで座っている時に、暇つぶしにナンバで遊んで

胸郭を3方向の〝平行四辺形〟に

両肩を水平のままゆっくりと左右に動かす。片肩が下がらないように注意。最初は手の動きで誘導するとやりやすい。慣れたら手なしで。

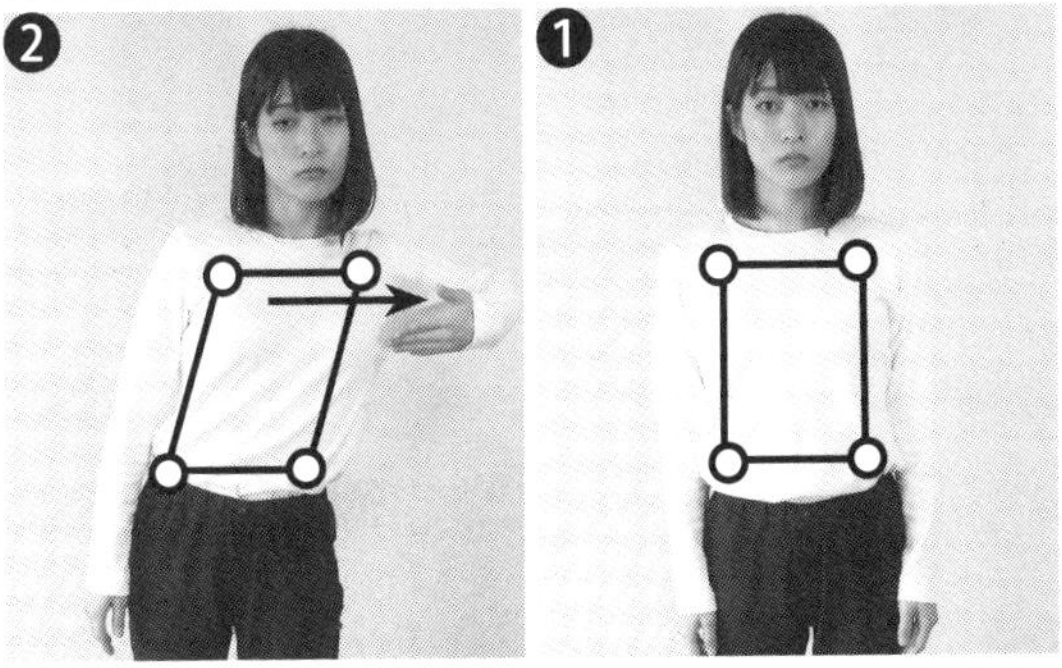

まっすぐに立って胸郭の胸側を真上に引き上げ、背中側を真下に引き下ろす。次に胸側を引き下ろして背中側を引き上げる

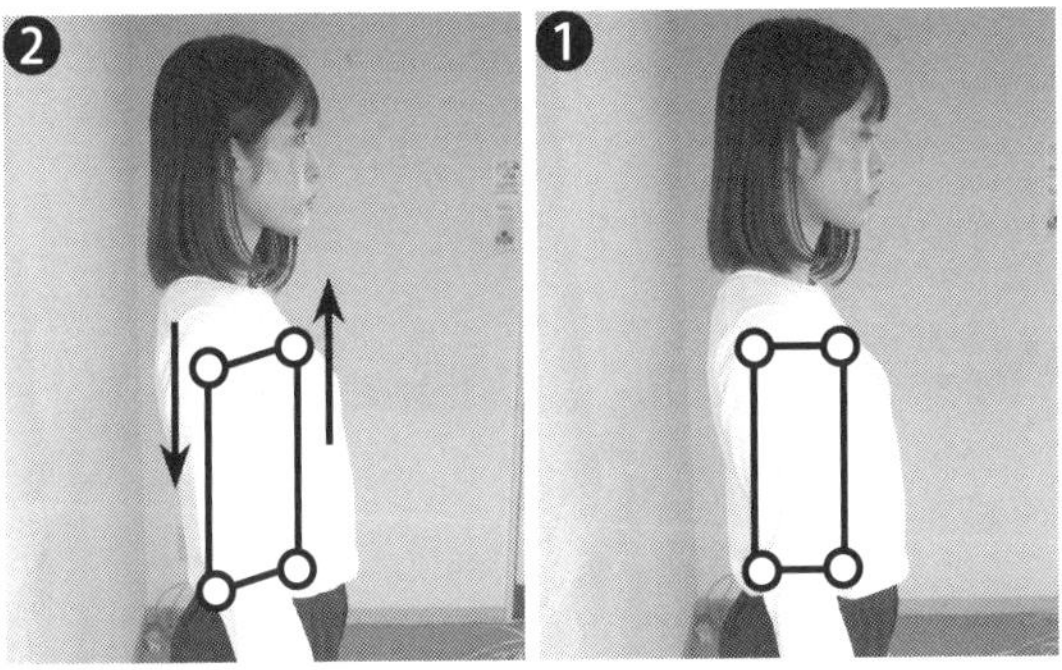

まっすぐに立って胸郭の胸側を右に、背中側を左に動かす。次に胸側を左に、背中側を右に動かす。最初は腕を返す動きを利用するとやりやすい。慣れたら手なしで。

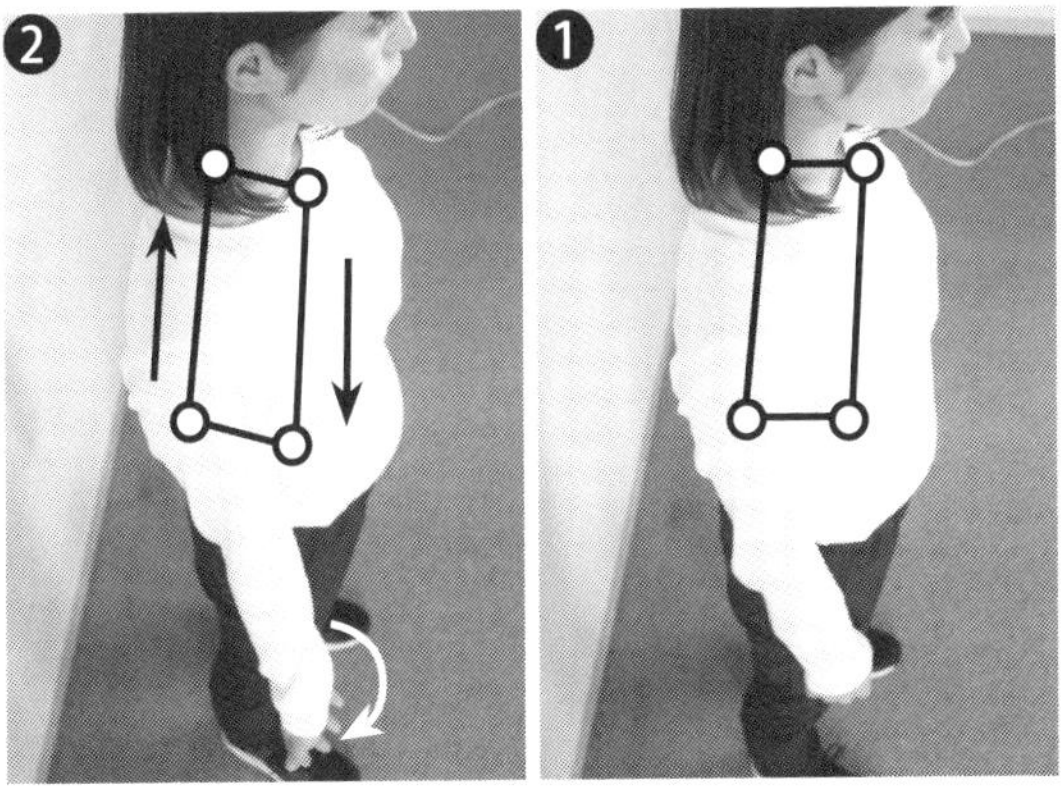

もいいのです。

便座でのナンバ遊びから、副産物が生まれました。『日経ヘルス』という健康に関する月刊誌があるのですが、ナンバ遊びの特集で便秘にもよく効くと紹介されました。発売後（2005年10月号）に読者の反応で、便秘が解消されたと非常に評判が良かったそうです。それだけなら驚かなかったのですが、2000年からの10年間の便秘特集の中で、便秘解消法のベスト1に選ばれたと知らされたのです。これは嬉しい知らせでした。健康雑誌で、便秘に最強の体操だと認められたのです。

便座に座っての、胸郭の3方向への平行四辺形のつぶしを行うと、腸が動かされて正常な位置に戻るというのが便秘解消の原因でした。一応、腸のレントゲン写真で証明してくれました。便秘で悩んでいる方は、ぜひ試してみてください。

もう一つの副産物として、管楽器の中でも一番大きいチューバを専攻している学生が、報告に来てくれました。このナンバ遊びを半年ぐらい続けていて、何気なく肺活量を測ったら1200cc も肺活量が増えていたそうです。本人は、最近チューバを吹くのが楽に感じると思っていたら、ナンバ遊びの副産物で肺活量が大幅に増えていたらしいのです。

これは、胸郭の骨を意識して動かすことにより、呼吸に影響の大きい胸周りの筋肉が自然に鍛えられたものと思われます。筋肉を鍛えようとするのではなく、骨を動かそうとするだけで筋肉も鍛えられるのです。これは、深層筋など意識的に動かせない筋肉を鍛えるにも、骨を意識して動かせば応用できるのではないかと思っています。その深層筋が、どれくらい大事なものか疑問ですが。管楽器や声楽など、肺活量が必要な人たちはぜひ試してみてください。

次に胸郭と骨盤を含めた全身を、平行四辺形につぶしていく遊びです。四つん這いになって、肩と腰を同時に左右に移動させます。次は、ちょっと難しくなりますが、肩は右に移動させて、腰は左に移動させます。背中全体を上から見て平行四辺形につぶしていく意識でやります。次に、肩は左に移動させて、腰は右に移動させます。こうやって、胸郭と骨盤を遊び感覚で平行四辺形につぶしていきます。次は、四つん這いのまま、身体を前後に動かします。

骨盤歩きというのも面白いと思うので、挑戦してみてください。まず長座して座り、骨盤をキャタピラのように回転させながら前後に移動するのです。滑らかに移動するためには、脚と手を同時に動かすようにします。こうすると、身体が平行四辺形につぶれていく感覚を感じることが出来るようになると思います。

全身を〝平行四辺形〟に

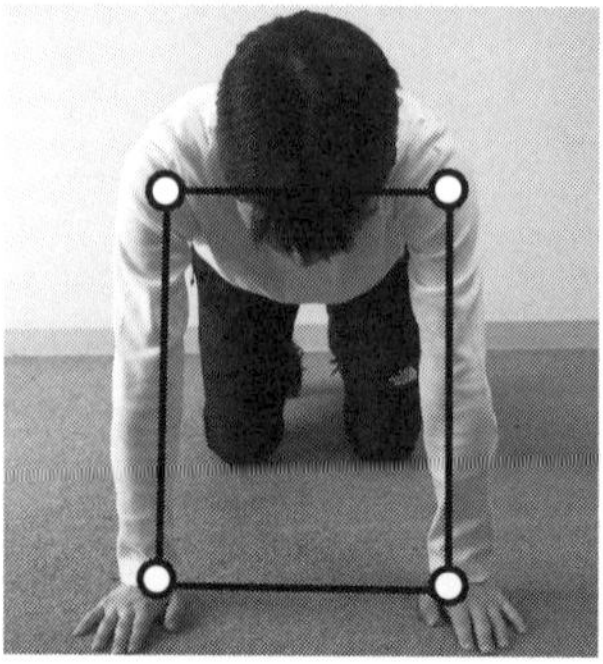

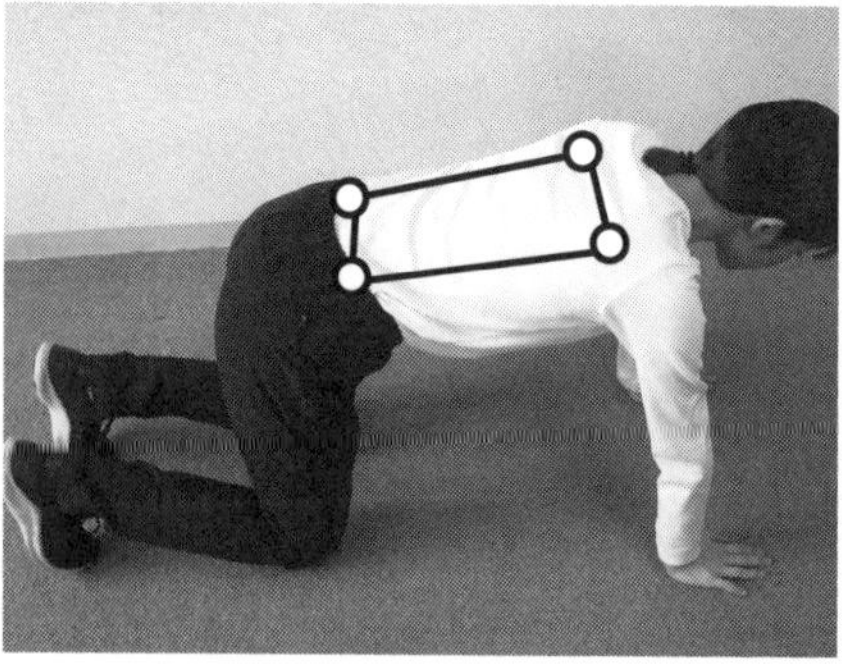

① 肩と腰を同方向に

肩と腰を右に移動させる。

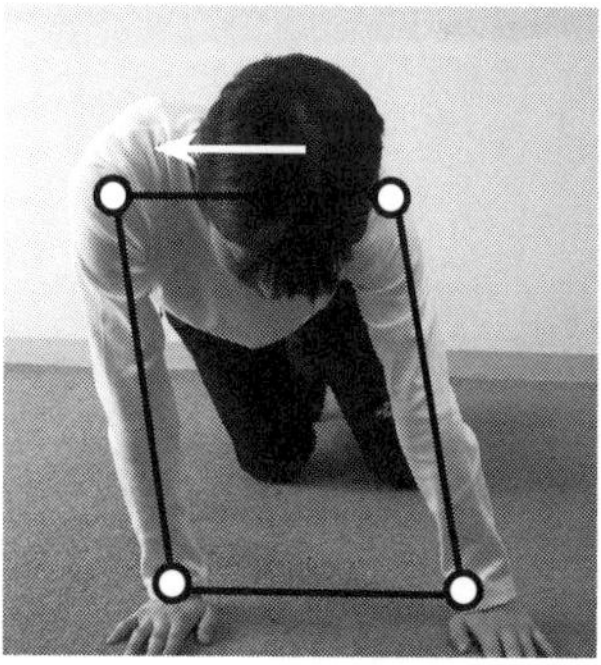

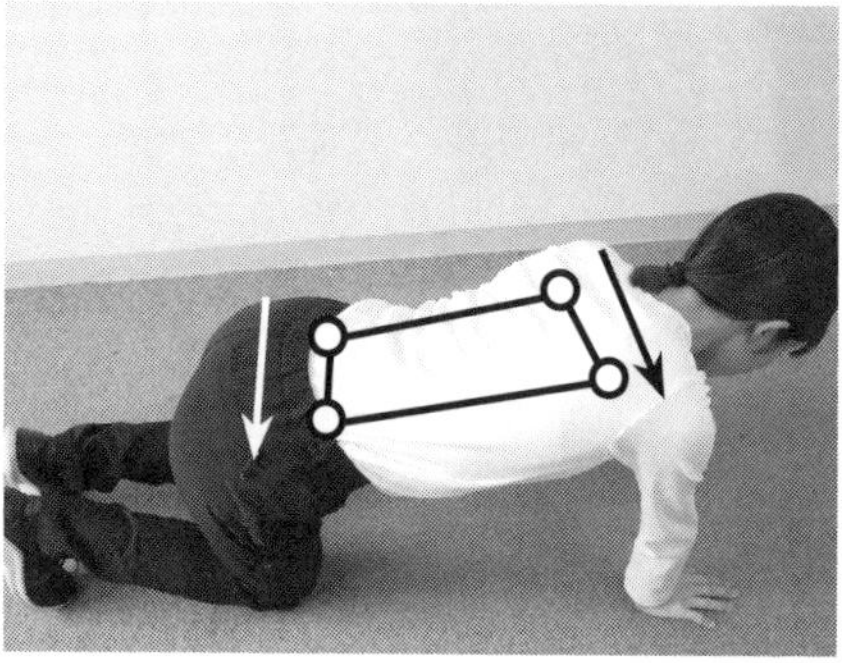

肩と腰を左に移動させる。

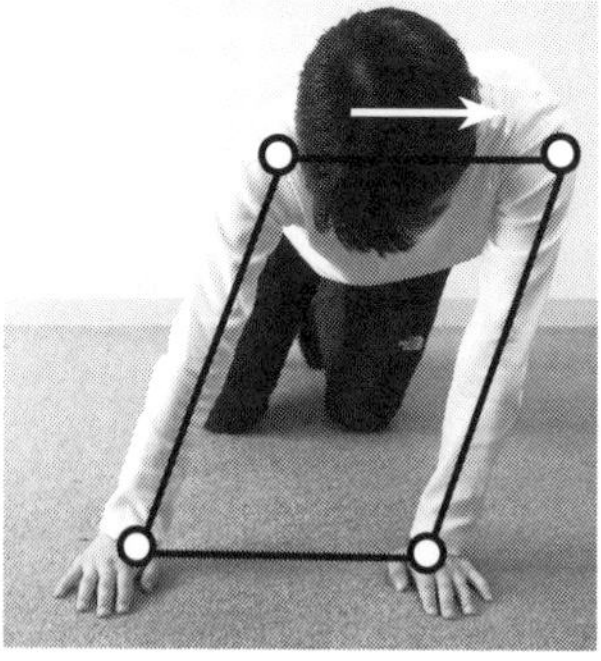

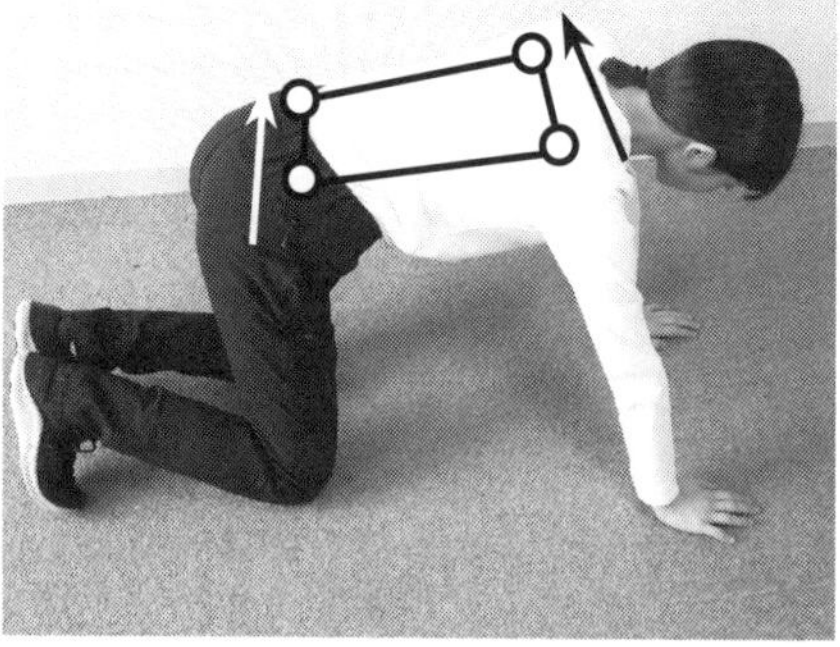

② 肩と腰を逆方向に

肩を右に、腰を左に移動させる。

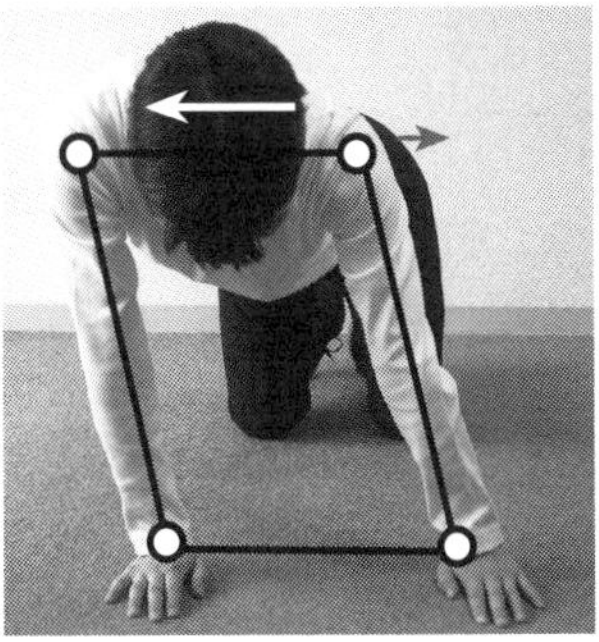

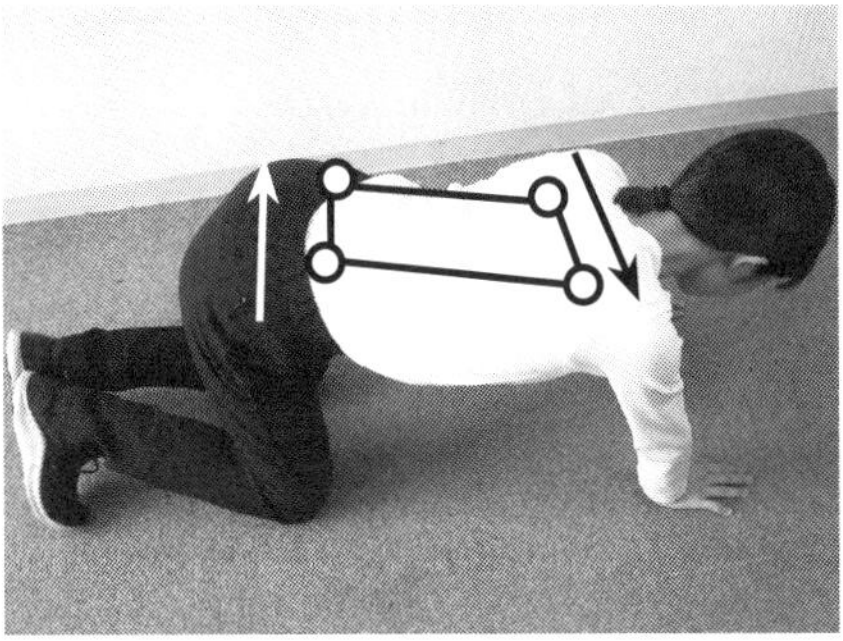

肩を左に、腰を右に移動させる。

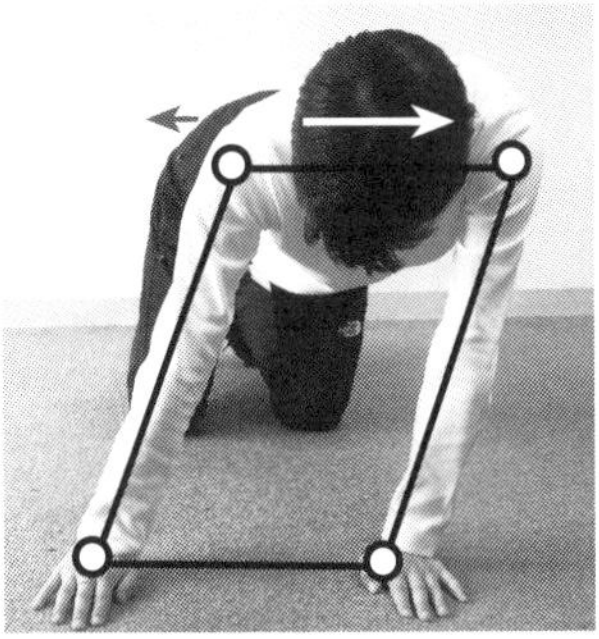

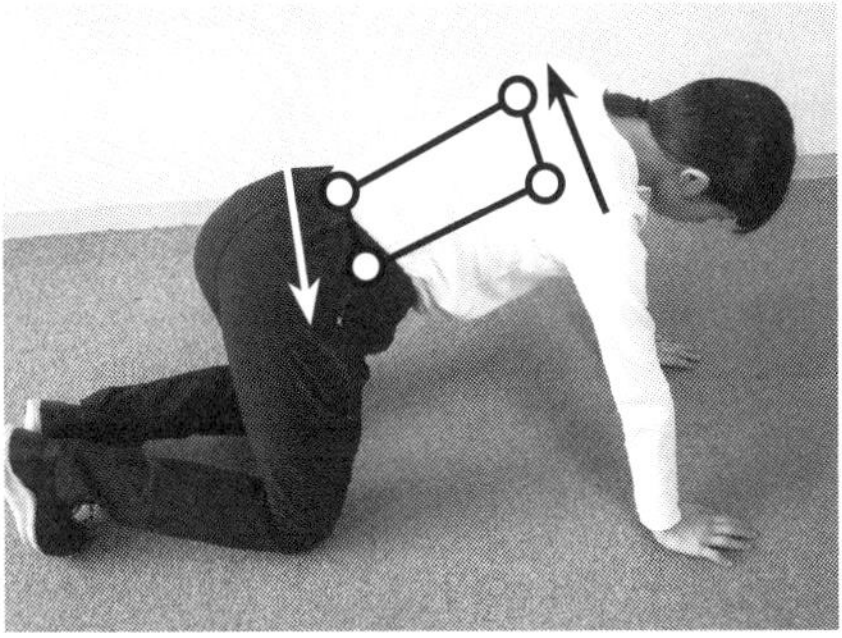

③ 身体を前後に

着いた手と膝の位置は変えずに身体を前後に動かす。

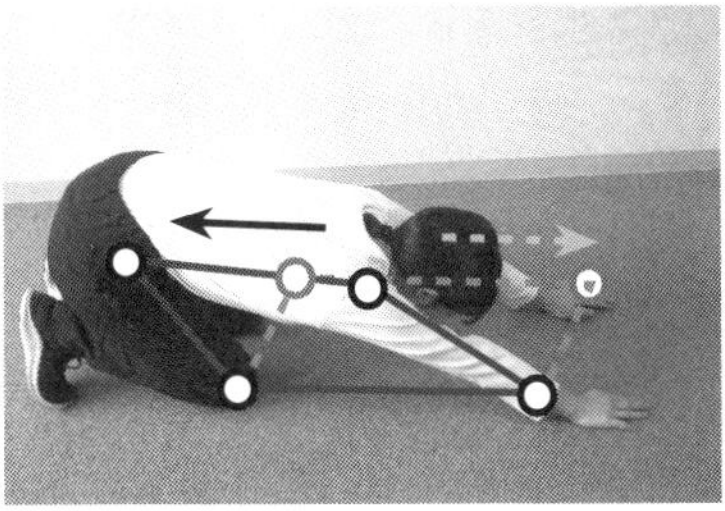

骨盤歩き

骨盤を左右交互に上げて、前後に進んでいく。腕と連動させると動きやすいが、一般的歩行のように、出す足と逆側の手を動かす捻じる動きにするととたんに動かなくこともぜひ体験を。

後退

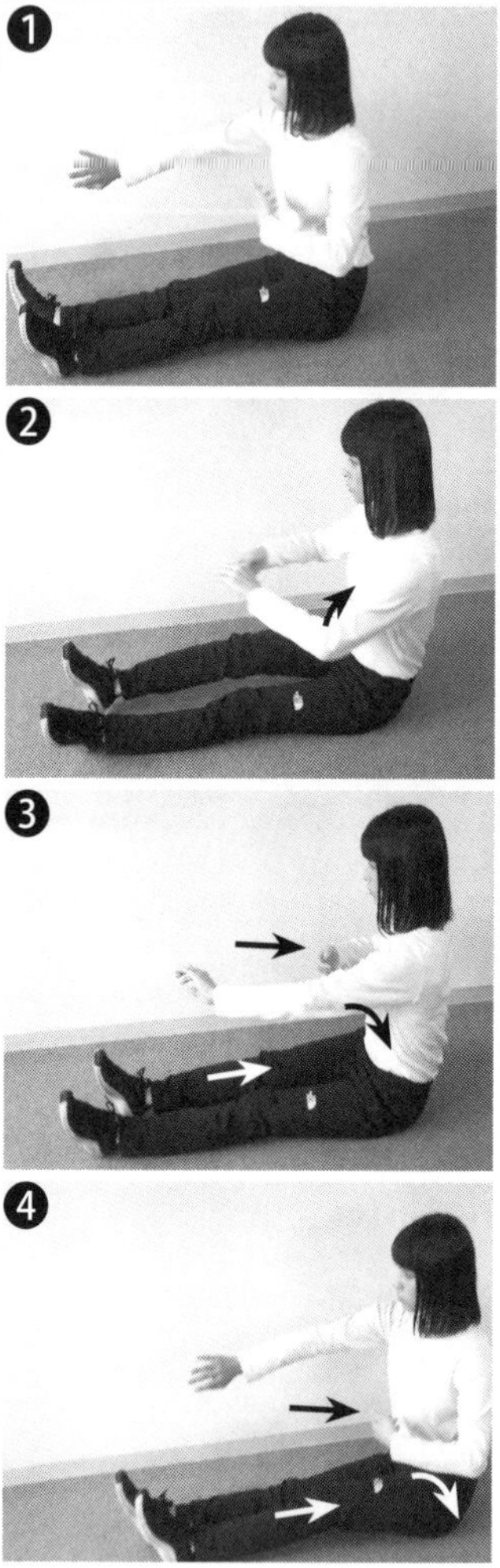

骨盤の右側を持ち上げ、前に伸ばした右腕を引き寄せながら右足を後ろに引く。これを交互に行うことによって後退していく。

前進

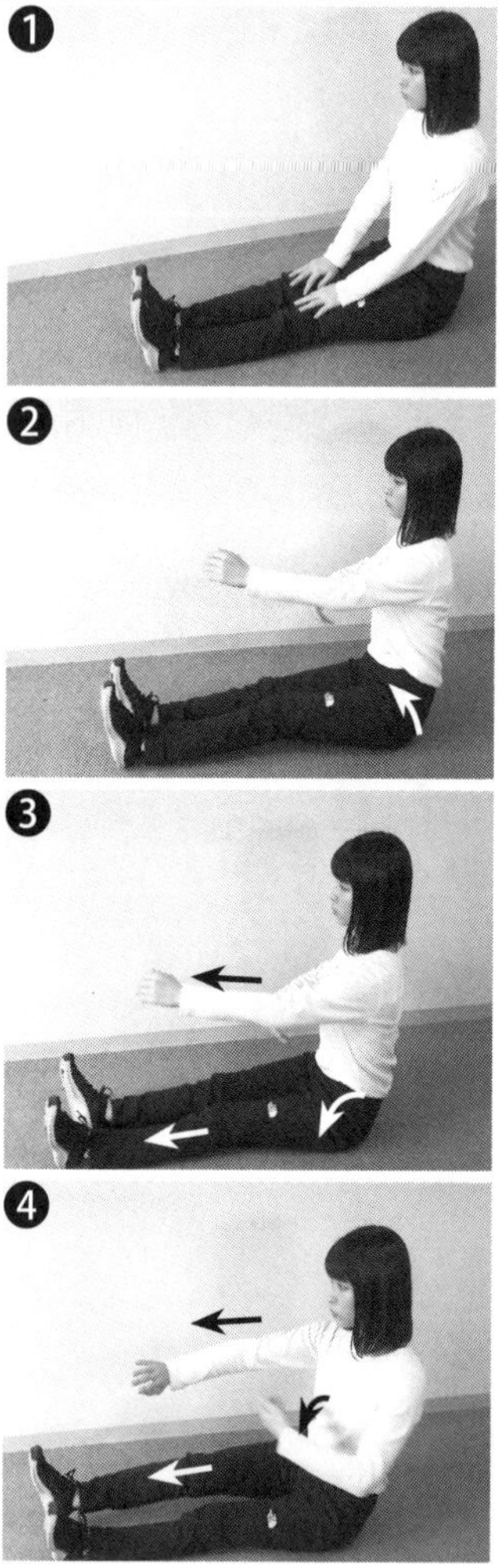

骨盤の左側を持ち上げ、左腕を前に伸ばしながら左足を前に送る。これを交互に行うことによって前に進んでいく。

肩甲骨を自由に動かす

手を壁につくと腕の力を伝えて肩甲骨が動かしやすくなる。
腕や指を使う動きの出発点となる肩甲骨は自由に動かせるようになっておきたい。

ニュートラル

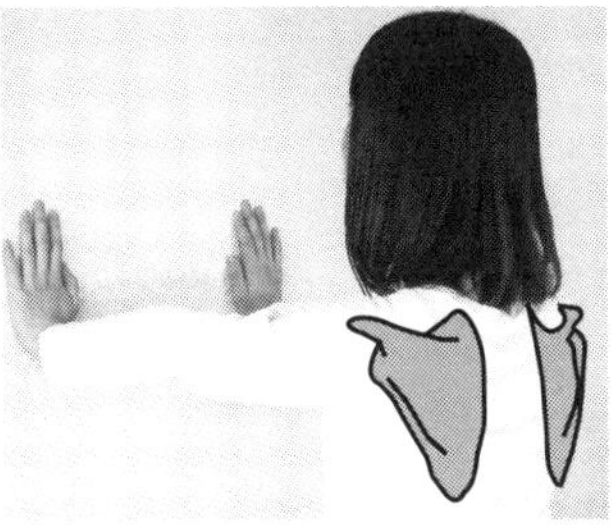

開閉

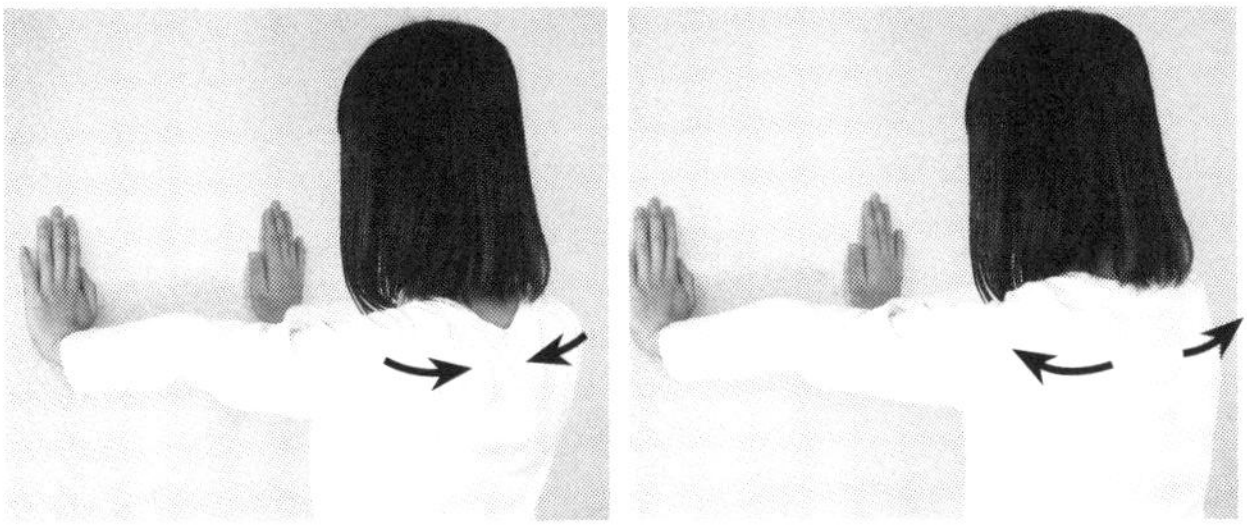

左右同時上下

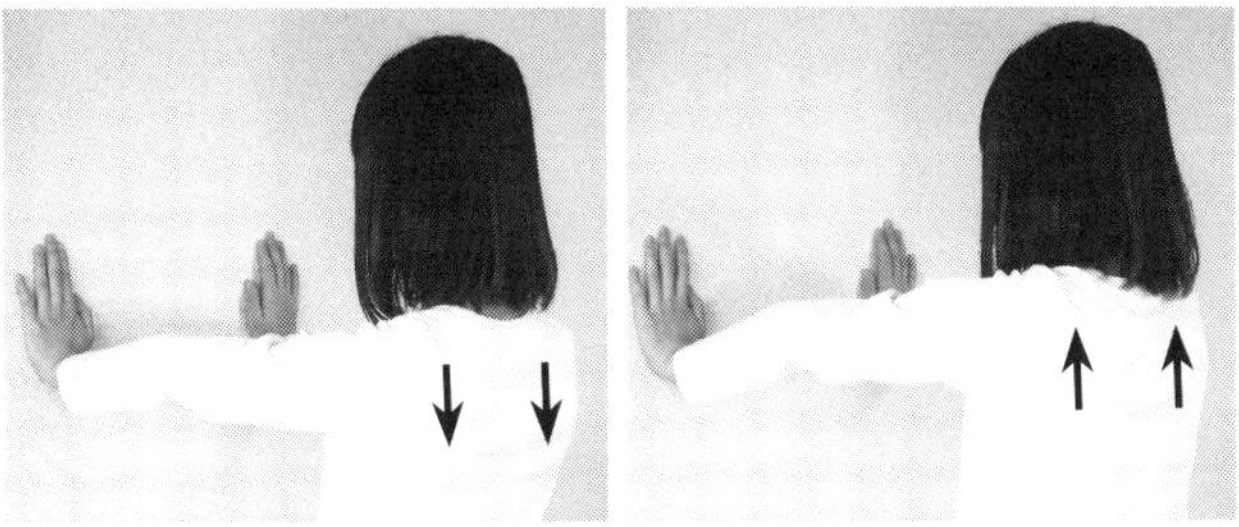

左右交互上下

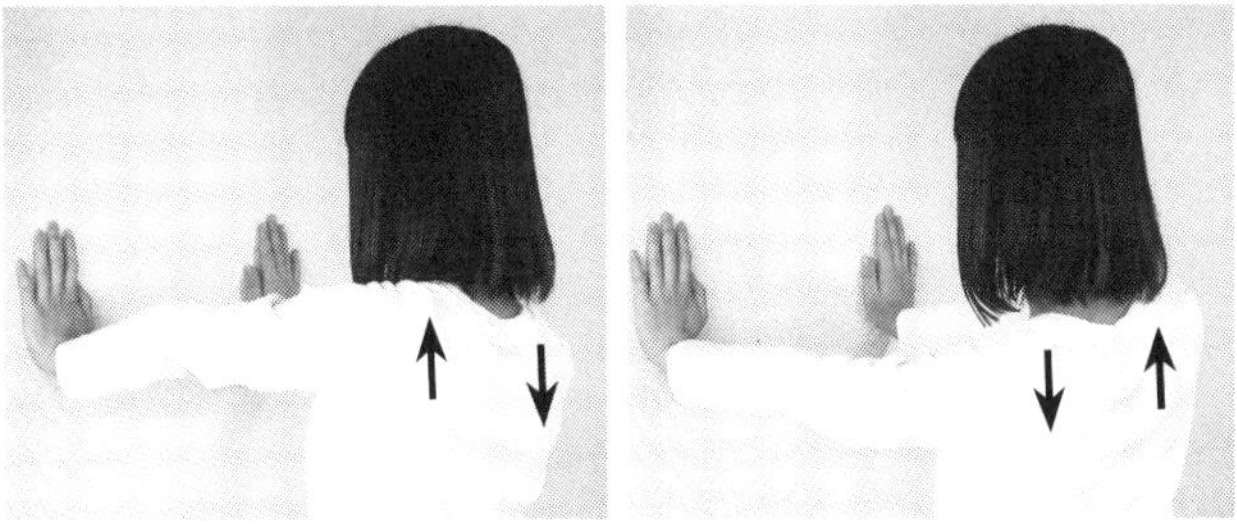

肩甲骨は、腕や指を使う運動では動きの始発点になります。力の伝え方としては、肩甲骨から肩へ、それから肘、手首、指へと動きを伝えていきます。だから、肩甲骨を自由に動かせるようになることです。そこで、壁に両手をついて両手の力を使いながら、上下左右に肩甲骨を自由に動かすようにします。こういうことを遊び感覚でやっていると、壁なしでも肩甲骨を自由に動かせるようになります。

4 全身を連動させて動かす

いろんな場面でよく聞くのは「全身を使って動きなさい」「全身を使って楽器を弾きなさい」という言葉です。しかし、よく見ていると、全身を使ってといわれると、大概の人は全身に無駄な力を入れて力んでいるだけです。どうすれば全身が使えるかを指導しないで、全身を使えと言われると、全身に力を入れるだけで動きが強張ってしまいます。これでは動きの質は、悪くなるばかりです。全身を使うという言葉で、動きをがんじがらめに縛っているという、逆効果にしかなってないのです。そうではなく全身を使うということは、全身を連動させて動かすということ仰向けで横になり、全身に力を入れない状態で足首を動かすと、その動きは足首だけにとどまらず、頭にまで伝わることが感じられる。

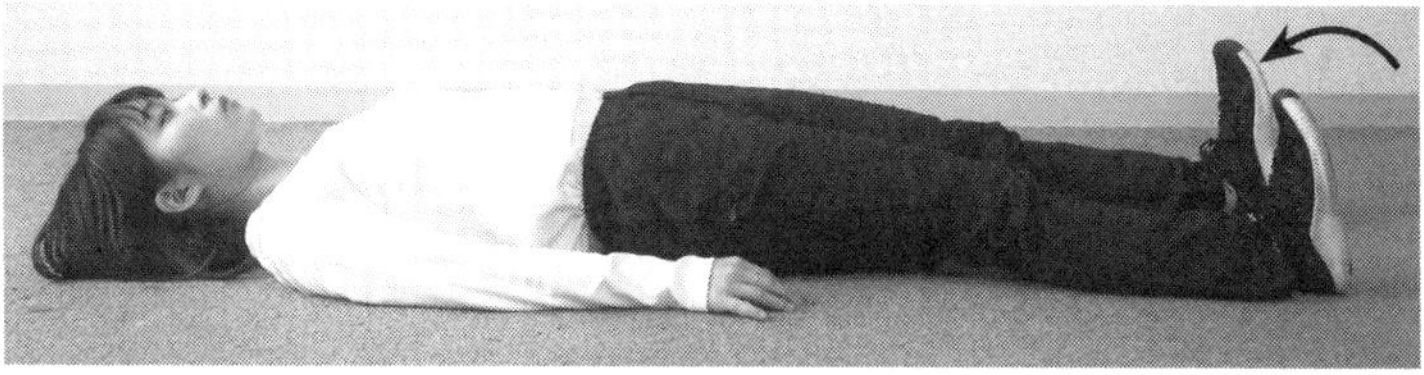

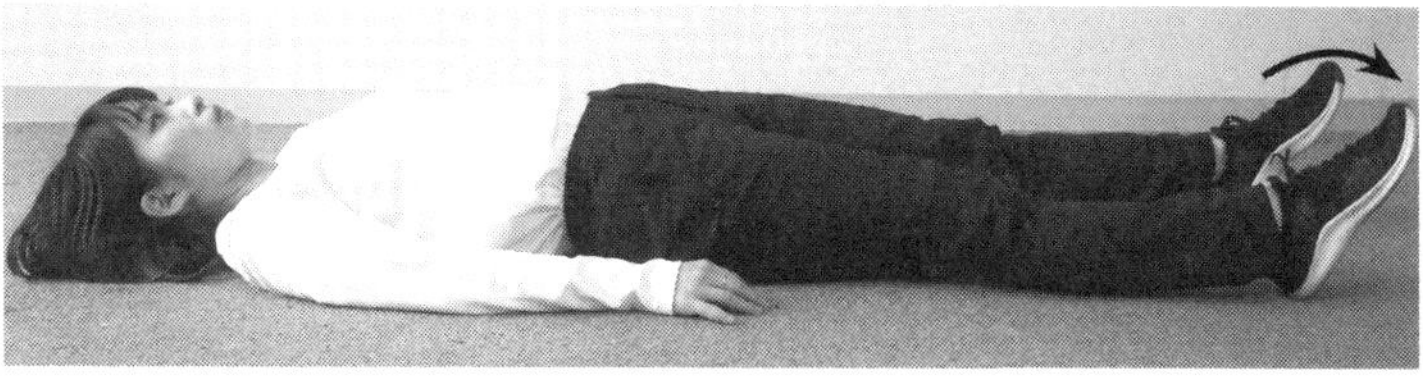

ではないでしょうか。動きの指導者が、自分できちんと説明できないことを、相手に要求してはいけないと思います。それは、相手を混乱させるだけですから。

例えば、仰向けで横になり、無駄な力が入らないように腕は少し身体から離し、脚は少し開きます。この状態で、身体に力を入れないで足首を動かすと、全身が連動して動くことが自覚できます。足首は他人に動かしてもらってもいいし、自分で動かしても同じ効果を実感できます。そして、上半身や下半身に意識的に力を入れると、いくら足首を動かしてもどこも連動しなくなります。

これで、全身を連動させるためには、身体に無駄な力を入れてはいけないということも解ります。そして、動きというものは、骨や関節を通して伝わっていくのだということが感じられます。こうして、全身を連動させるとはどういうことかということを身体で実感させます。そうしないと「全身で動きなさい」という言葉ばかりが、独り歩きを始めるのです。言われた人は、どうしていいか解らず、ただ身体全体に力を入れて力んでいるだけです。

そこで、全身を連動させる運動として「ナンバ式お元気体操」というものを考えました。この体操は上半身と下半身を連動させたり、右半身と左半身を連動させたり、身体の前半身と後ろ半身を連動させて動く体操です。全身を連動させるための、基礎運動のようなものです。これも、真面目くさったような顔をして取り組むのではなく、遊び感覚で取り組んでください。遊び感覚で取り組まないと、身体ばかりではなく心にも無駄な力が入ってしまいますから要注意です。

全身が連動して動いていたかどうかは、動いた後の疲労度でも確認できます。動いた後で、身体のどこか局部にだけ疲労が偏っていれば、その局部だけを使って動いていて、全身が連動していなかったと反省の材料になると思います。うまく身体全体を連動させて動いていれば、動いた後に疲労感があるのではなく、身体をうまく動かせた爽快感を味わえると思います。動いた後の爽快感を味わうと、運動した方が気持ちがいいと自覚できます。そうすると、運動が好きになり習慣になるはずです。体育の授業などでは、スポーツの技術やルールを教える前に、まず生徒に身体を動かすことの爽快感を味わわせることを、重視するべきだと思います。楽しいことや爽快なことしか習慣にならないと、私は思っています。

① 上半身と下半身の連動

主に下半身を使うスクワット運動の時に、上半身をどう使うかを考えてください。膝を曲げて下半身を落とし込んでいく時に、上半身も落とし込めば動きが遅くなります。そこで、下半身を落とし込んでいく時には、上半身は引き上げた方がより速く動けるし、良い連動ができると思います。良い動きというものは、ゆっくりでも速くでも動けるものでなければならないと思います。ゆっくりしか動けないとか、速くしか動けない動きは、どこかに問題があると思います。そして、下半身を伸ばして上に向かう時には、上半身は引き下げていくように動かした方が動きが滑らかになります。下半身が上に向かう時に、上半身も上に向かえば、コントロールし難くなります。

もう一つ付け加えておくと、下半身を落とし込んでいくと、身体は止まって座る準備をしないと、脳が指令を出していることになります。動きが、止まって中断するということです。それを防ぐためにも、次の動きに移るためにも、下半身は落とし込んでいても、上半身は引き上げるように動いた方がいいのです。自分で両方試して、実感してみてください。自分で動いてみると

ナンバ式お元気体操1

（上半身と下半身の連動）

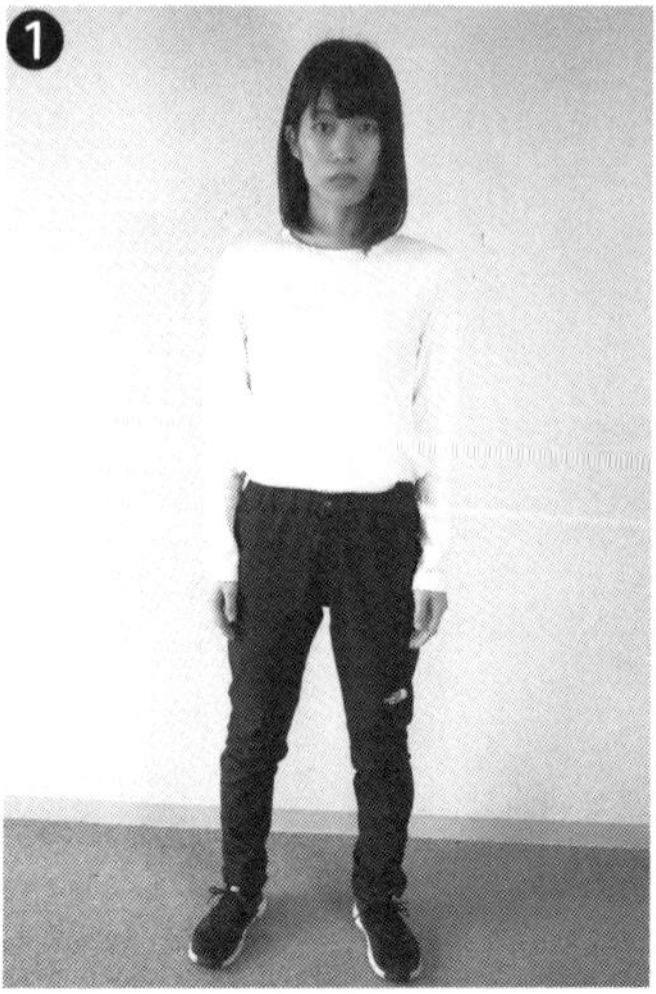

普通に立った状態（写真1）から、下半身を落とし込んでいきながら、手で上半身を引き上げる（写真2）。下半身を伸ばして上に向かう時には手で上半身を引き下げる（写真3）。

この操作をすると上半身と下半身がうまく連動して、全体の動きがスムーズでコントロールしやすいものになる。

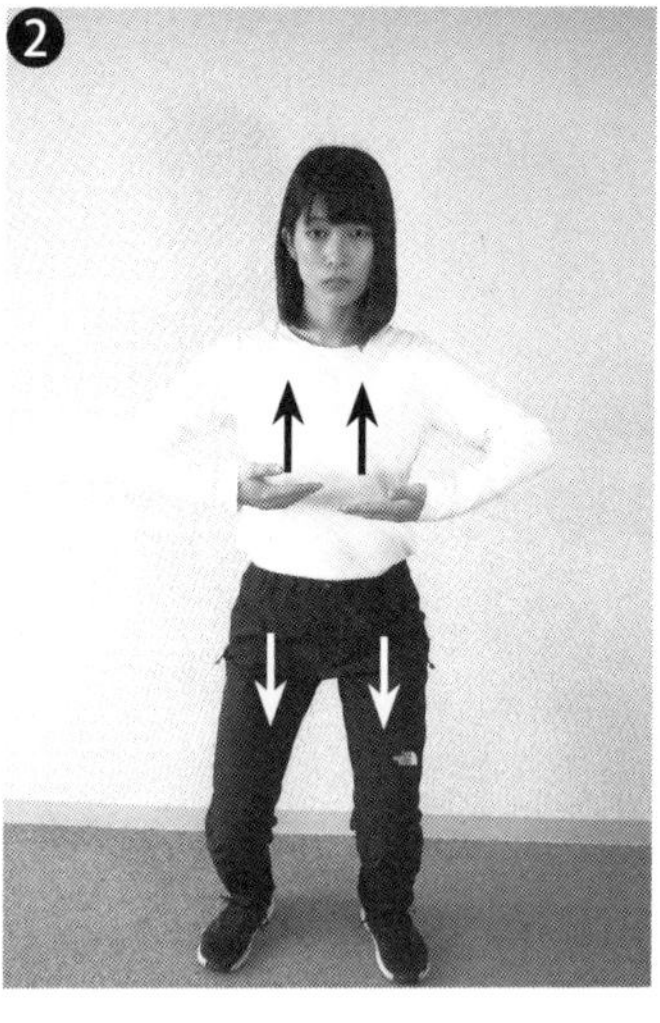

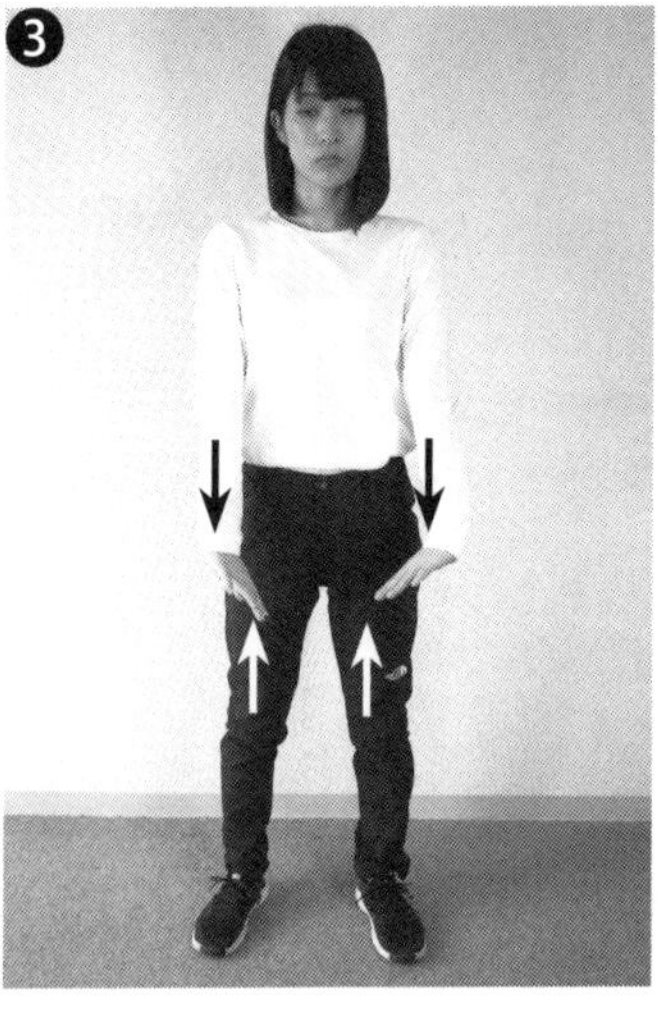

バスケットボールへの応用

バスケットボールなどのディフェンス姿勢で腰を落としている際には、手を上げている方が動き出しが良くなる。

いうことが、非常に大事になります。その時に、先入観や決めつけを持たないことです。無心で動かして、身体の声を聞くようにするのです。

それを応用すると、バスケットボールなどのディフェンスで、腰を落として低い姿勢を取る時に、手は上げた方が次の動き出しが良くなるということです。だから、ディフェンスでは手を上げる必要があるのです。この姿勢を取る時に、手を下げれば座る準備になり、動き出しが遅くなりディフェンスにはなりません。ちょっと自分で試してみてください。

もう一つ、その場で軽く連続ジャンプを行います。このとき感じる身体の重みを覚えておいて、肩で身体全体を引き上げるような動きを加えてジャンプします。そうすると、身体は軽く感じるし、気持ちジャンプも高く飛べるようになります。そして、肩で身体全体を引き上げるだけでなく、腕を勢いよく上に振り上げれば、明らかに高く飛べるようになります。走り高跳びに応用できる動きです。このように主に下半身を使う運動では、上半身をどう参加させるかを考えて動くことが全身で動くということです。歩いたり、走ったりという動きでも、上半身をどう使うかを工夫すれば、もっと効率が良くなるはずです。これはナンバ歩き、ナンバ走りの項目で、詳しく説明します。

それなら、主に上半身を使う運動の場合は、下半身をどのように参加させるかというのが、あなたの動きの試行錯誤の課題です。楽器を演奏するのは、ほとんどが上半身で楽器を扱うので、下半身をどう参加させるかが、音の良し悪しにかかってきます。立っても座っても弾ける楽器の場合は、１００％立って弾いた方が音が良くなります。バイオリンや管楽器などは、立って演奏した方が座って演奏するよりも確実に音が良くなります。立つと、演奏に下半身が参加しやすくなるのです。しかし、直立不動の姿勢や棒立ちになると、下半身が動きに参加できなくなります。下半身を運動に参加させるためには、腰と膝の関節を少し緩めておくことです。この事に気が付かない人は、少し鈍感です。そこで下半身の使い方を考えるのです。

ピアノは座って演奏するので、下半身をどうすればいいかというのが課題になります。ヒント

腕を振り上げる

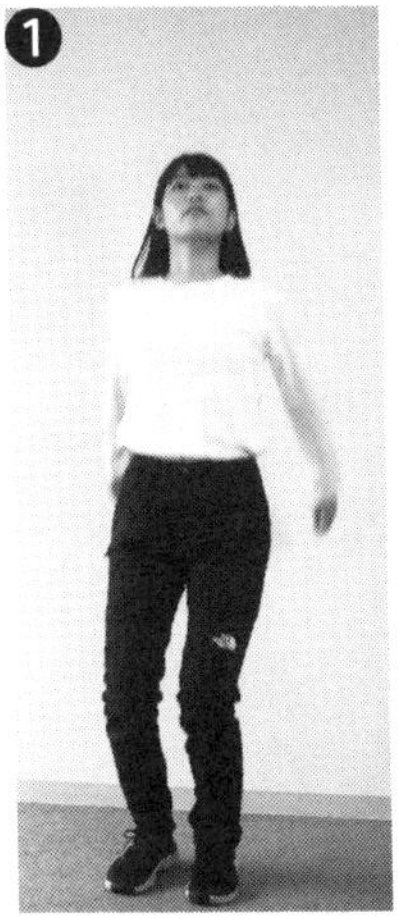

腕を勢いよく振り上げながらジャンプすると、身体はさらに軽く、明らかに高く飛べるようになる。

肩で全体を引き上げる

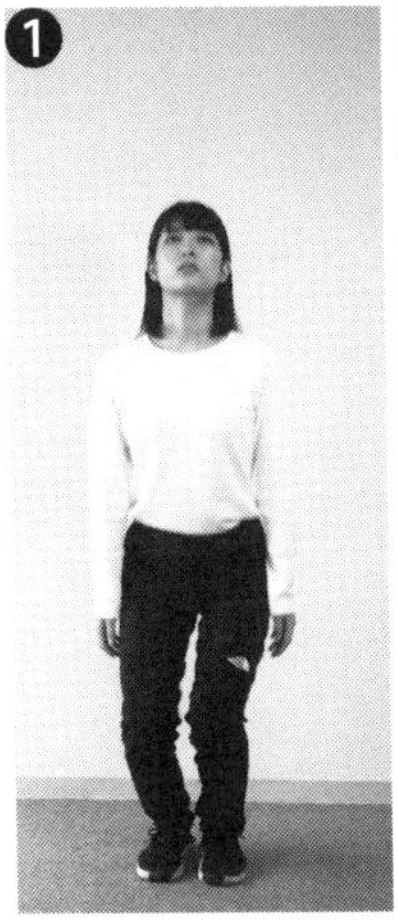

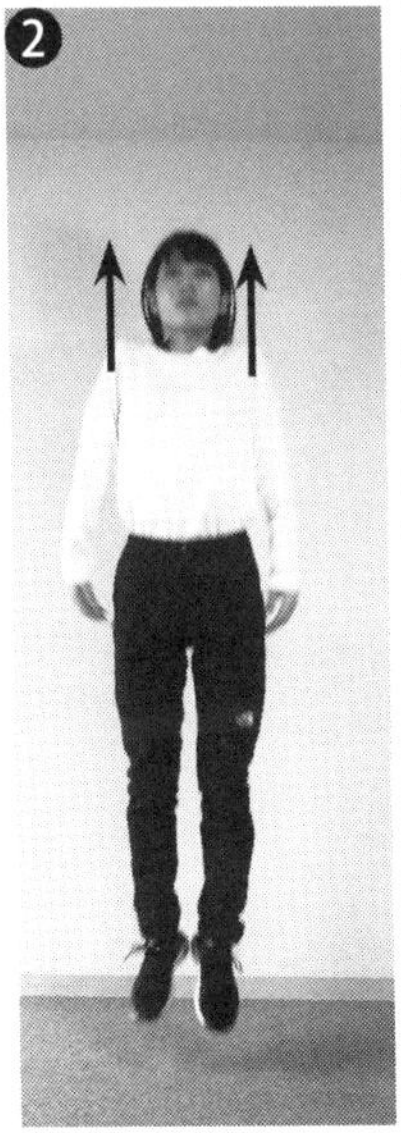

肩で身体全体を引き上げるようにジャンプすると、身体が軽くなったように感じる。

普通に軽くジャンプ

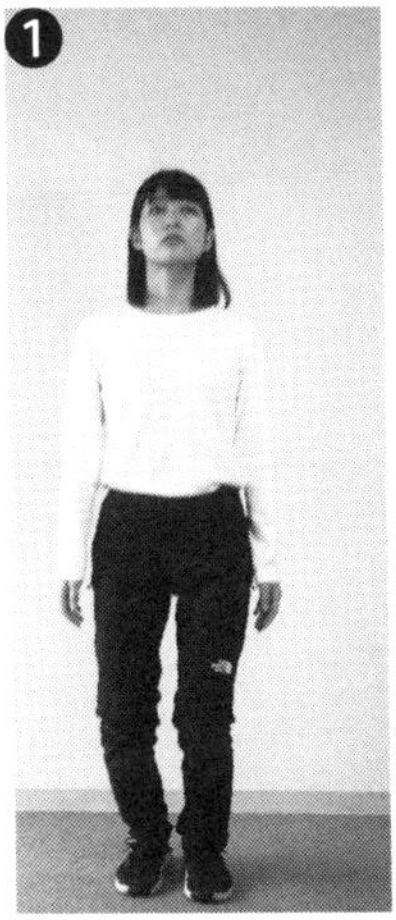

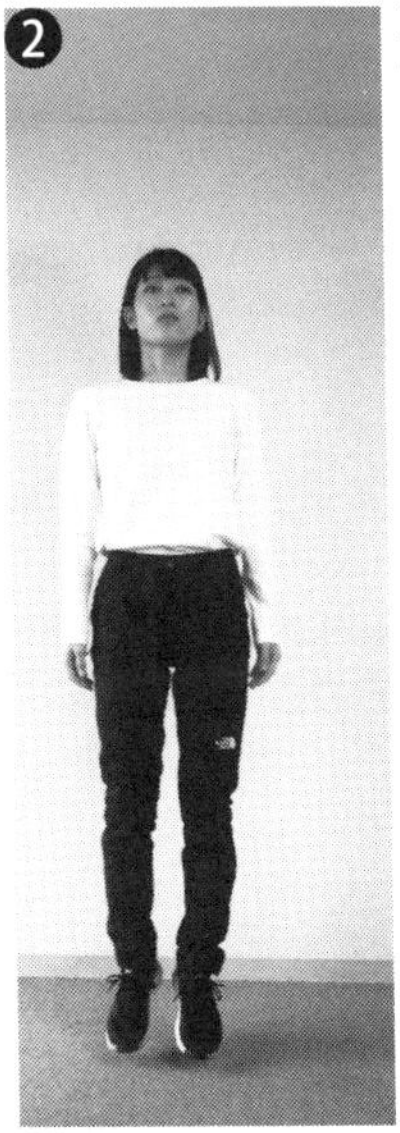

軽く連続ジャンプをして、このとき感じる身体の重みを覚えておく。

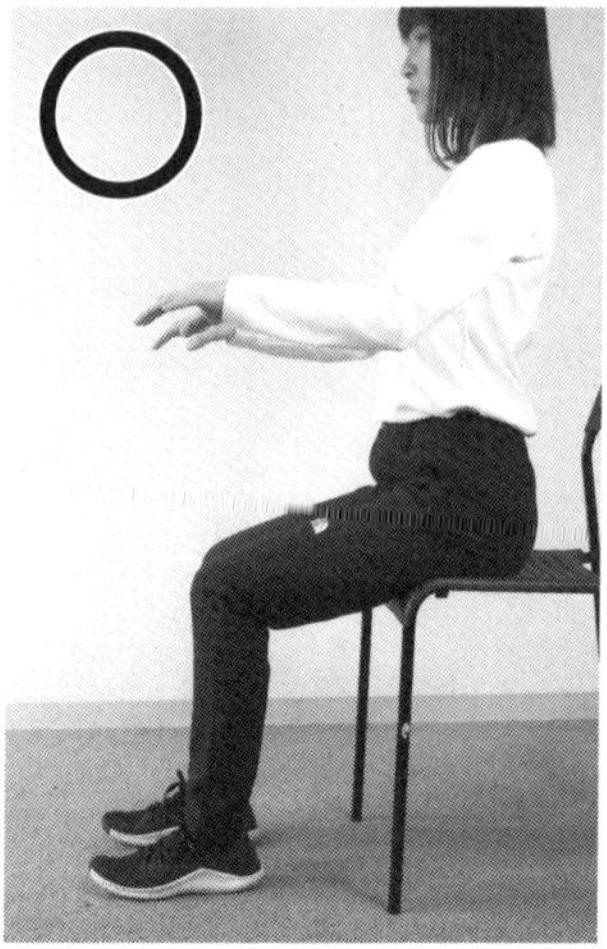

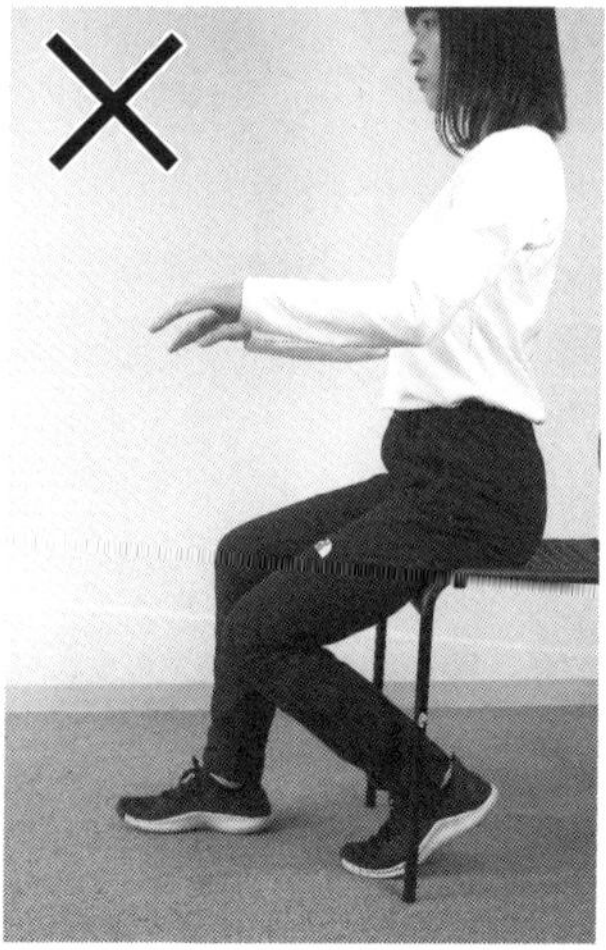

ピアノを弾く際、左足を引いて構える人は少なくないが、〝頑張って弾いている感〟は出ても、上半身と下半身の連動性は低く、良い音にならない。

は、左脚は後ろに引かないで右脚の横に置くようにすることです。そして、椅子に座っている腰を固定させないで、前後左右に自由に動けるようにすることです。

椅子に座って演奏するピアノの場合、左脚を引くと頑張ってピアノを弾いている感が出てきます。だから、本人は自己満足に浸れるでしょうが、ただ力んでいるだけでピアノの音は確実に悪くなります。そのことに気づいてもらいたいのです。また、左脚を引くと左の腰が固定されるので、下半身が切り離されて全身の連動ができなくなります。だから、上半身だけでピアノを弾いていることになるのです。

そこで考えたのですが、ピアノもマリンバのように立って演奏できるような作りにすればいいのではと。椅子など使わないで、立ってしか演奏できないようにピアノの脚をもっと長くすればいいのです。その脚の長さは、調整できるようにしてもらいます。そうしたら、全ピアノ弾きの音が、今よりも良くなることは保証します。しかし、そういうピアノを作ってもらえるかどうかが、問題です。ヤマハかカワイに試作品を作ってもらいたいものです。そしたら、教え子のピアノ弾きたちを集めて、演奏してもらい音を比べて楽しみたいなと思っています。

これは妄想ではなく、子ども用のピアノとして、立って弾くピアノを考案すればいいのです。そうすれば、子どもはピアノを弾くときの、基本的な身体の使いかたを覚えるのに、非常に役に立つと思います。こんなことを想像しながらニヤニヤしています。はやく音楽界だけの常識を覆して、もっと自由にと望んでいます。

また、オーケストラの演奏者は、弦楽器にしても管楽器にしてもほとんどが座って演奏しています。これは怠慢以外の何物でもない。オーケストラの演奏者全員が立って演奏すれば、今までよりもずっといい音が響き渡るのを自ら放棄しているではないでしょうか。どこかのオーケストラで試してもらいたいものです、椅子など用意しないで、みんな立って演奏すればいいのです。こうやって醸し出される音で、オーケストラの音楽も見直される、いや聴き直されるはずです。誰か教え子が、実行してくれるのを期待しています。こういう事を考えるのが面白いし、これがナンバ的なのです。硬い頭とはサヨナラして、もっと物事を柔らかく考えるようにしましょう。

② 右半身と左半身の連動

モノを投げる運動などは、右半身と左半身をどう連動させるかというのが、非常に大事になります。右手でボールを投げるときに、右手の振りばかり考えるのではなく、左手をどう使うかで、ボールのスピードやコントロールが違ってくるのです。陸上競技の投擲種目でも同じことで、上半身と下半身の連動と右半身と左半身の連動を同時に行うことが大事になってきます。

だから、運動としては、単純に投げる動作といっても、これが結構複雑なのです。そして、男女の運動能力の差として最も大きいのが、この投げるという動作です。投げることは男性が圧倒的に強いのですが、物を抱きかかえて運ぶ能力は女性が強いのです。この理由は考えてみてください。

そういう右半身と左半身の連動を滑らかにする体操は、軽く直立した姿勢から、右脚を斜め前に出し右掌を下に向けて伸ばします。左手は肘を曲げて掌を上に向けます。その姿勢から、左脚の場所に右脚を引いて、左脚は斜め前に蹴り出します。その時に、右手を曲げて掌を上に向け、左手は伸ばしながら掌を下に向けます。文章で書くと、くどいですが要は左右の手脚の入れ替えを用いながら、右半身と左半身を連動させるということです。これを頭の位置を動かさないでリズムよく行えば、身体の左右の連動が上手くいくようになります。

球技などでは、身体全体の方向転換が必要になってきます。素早い方向転換をするためには、軽く脚を開いて正面を向いて腕は軽く曲げて身体につけて立ち、その姿勢から踵を右にずらすと身体は左を向きます。次は、左を向いた姿勢から、踵を左にずらすと身体は前を向きます。こうすると、回り込まないで最短距離での方向転換ができます。ここから、こう動きたいという必要性に応じて、応用していけばいいと思います。つま先に体重を乗せて踵を動かすというのは、いろんな動きに応用できますから試してください。

いつも運動を全身の参加で行うと頭に入れておいて、この運動の場合はどうすればいいかと考えるクセをつけるようにします。主に運動に参加している部位をまず意識して、その反対側をどう動かすかで、上達の仕方が変わってきます。ラケット競技でも、ラケットを持っていない方の腕をどう使うかが課題になります。同じようにフェンシングも、剣を持っていない方の腕をどう動かすかが勝負になります。こうして考えて、実際に試してみるのが楽しいのです。楽しみながら上達しなければ、続けることは困難になります。

ナンバ式お元気体操２

（右半身と左半身の連動）

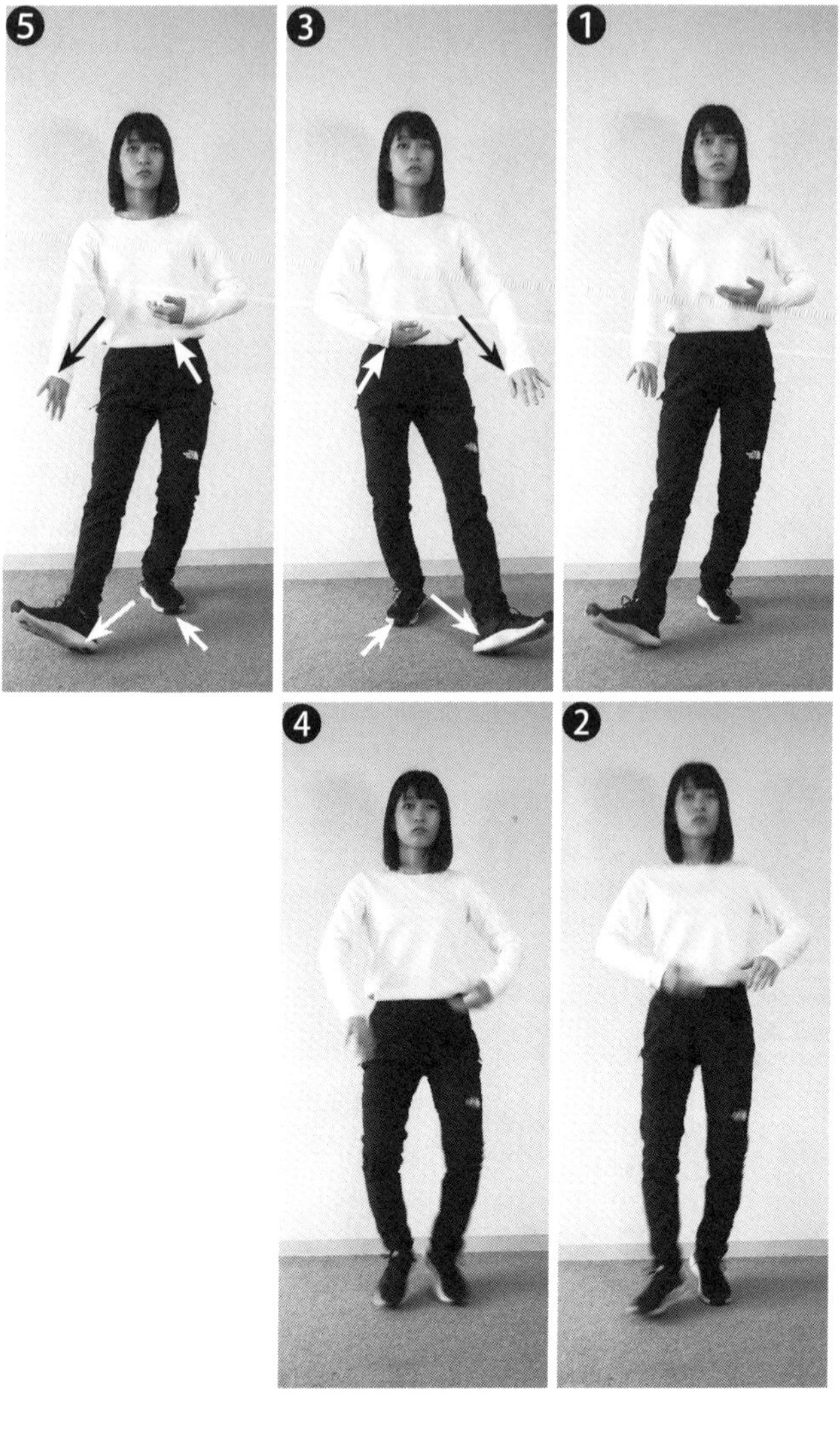

軽く直立した姿勢から、右脚を前に出し、右掌を下に向けて伸ばす（写真1）。その姿勢から、右手を曲げて掌を上に向け、左手は伸ばしながら掌を下に向けつつ、左足の場所に右足を引いて、左脚は斜め前に蹴り出す（写真2〜3）。頭の位置を動かさないように、リズムよく左右を繰り返していく（写真4〜5）。

球技などへの応用（素早い方向転換）

向いている向きと違う方向へ移動したいとき、踵をずらさない歩法の場合、身体の向きを変えるだけで写真1～3の動きを要する。

踵をずらすと、即座に身体の向きを変えることができ（写真2）、瞬間的にその方向へ動き出すことができる（写真3）。

右半身と左半身を考える場合に、右利きや左利きということも関連してきます。右利きの人は、一日のほとんどの動きを右手で処理しています。自動販売機に右手でコインを入れるのは、目をつぶっていてもできるくらい簡単です。しかし、左手で自動販売機にコインを入れようとしたら、自分はなんて不器用なんだろうと思い知らされます。ぜひ試してみてください。左右のバランスを取るためには、利き腕でない方、利き脚でない方も意識的に使うようにしなければならないのです。

ちょっと昔のバレーボールの日本代表が、両手を同じように器用に使えるようにと試みていました。それは日常生活の中で、出来るだけ利き手でない方の手を使うようにするということです。食事の時は、利き手でない方でお箸をもって食べるようにします。スプーンやフォークは、扱いが簡単なためあくまでもお箸です。ものを書くときも、利き手でない方で書くようにします。うまく書けなくても諦めないことです。先ほど出た自動販売機へのコインも、利き手でない方の手で入れるようにします。いろんな動作を、利き手でない方の手を使うようにします。そうすると、バレーボールでレシーブやアタックなどで、どちらの手でも使えるようになります。これで、プレーの幅が広がり、世界と戦えるようになったのです。この試みは、他の分野でも、取り入れる価値があると思います。ピアノなども、両手を使って弾くのでやってみるといいでしょう。

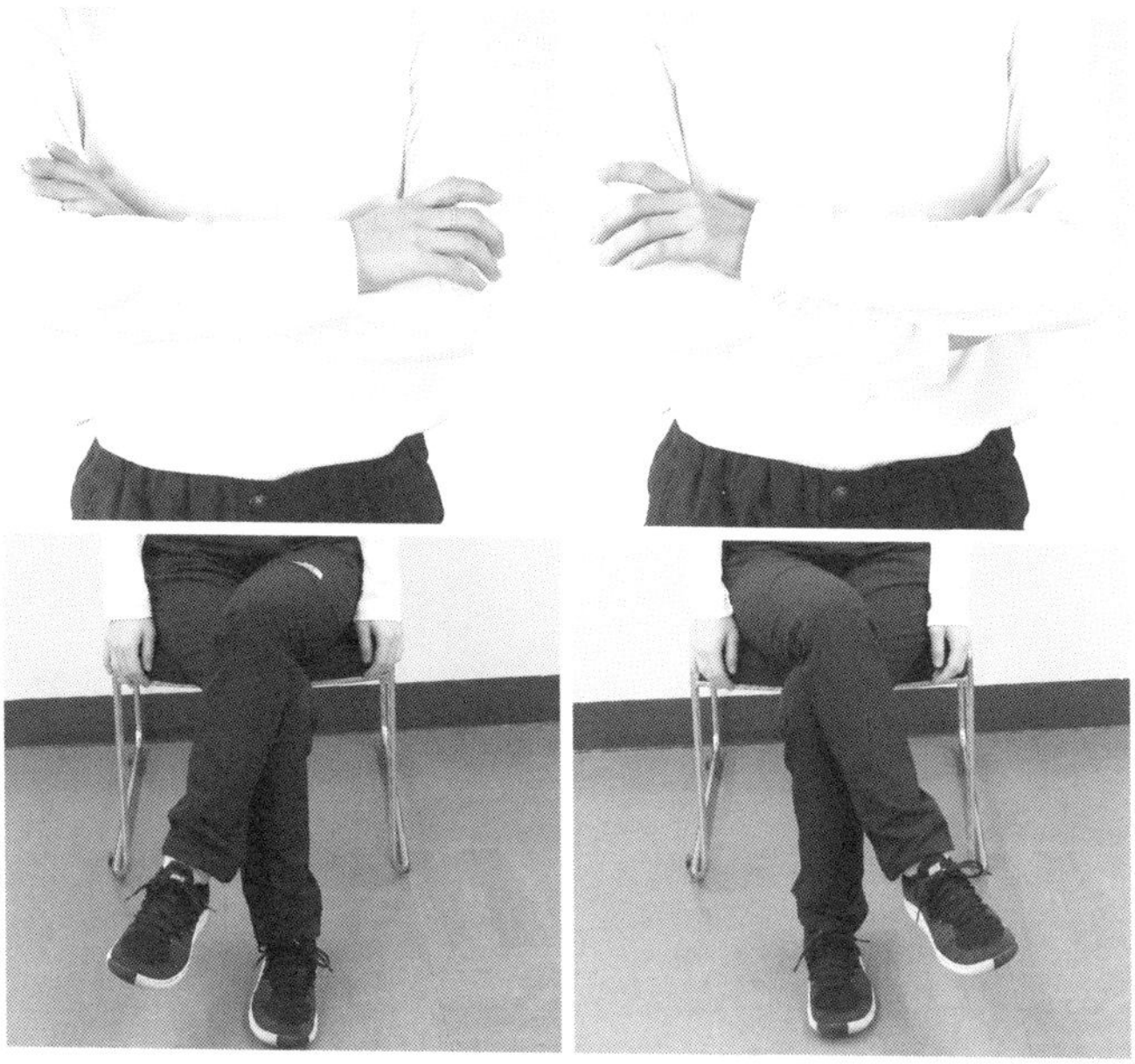

次に、腕を組んでください。そうすると、右腕が上になる人と左腕が上になる人に分かれますが、それも単なるクセです。その上になっている腕を、下になっている腕と入れ替えてください。そうすると、不思議なことに非常に違和感があります。手だけでなく脚にも、利き脚というのがあります。走り幅跳びや高跳びで踏み切るほうの脚が、利き脚になります。脚を組むにもクセがあり、右脚を上に組む人はいつもその姿勢です。そのことに気づいてもらいたのです。この姿勢のクセで身体が歪んできます。だから、腕を組むにしても、脚を組むにしても、違和感があっても時々は反対側を使うことです。

先日、腰が痛むと相談に来た人がいたので聞いてみたら、座った時にはよく脚を組むと言っていました。そこで、試しに脚を組むのを止めてみましょうと提案しました。1カ月くらいして会ったときに、意識して脚を組まないようにしたら、腰の痛みが取れましたと報告してくれました。腰の痛みの原因は複雑なので、脚を組むのを止めて痛みが取れたのは奇跡みたいなものですが、こういう事も一つの試みですから頭に置いておいてください。

③ 前半身と後ろ半身の連動

楽器演奏を指導している先生は、生徒に「猫背はダメだから、背中を伸ばしなさい」とうるさく注意をします。そうすると、生徒は先生の前では正直だから、一生懸命に背中を伸ばした姿勢を取ろうとします。しかし、これがよくないのです。背中を意識して伸ばそうとすると、背中に無駄な緊張を生みます。自分で試してみれば、すぐに実感できます。その背中の緊張により、腕指を自由に動かせなくなります。それでは、音楽になりません。なぜ背中を伸ばせというのでしょう、単なる見た目を意識してのことでしょうか。

超一流のピアニストとして活躍している仲道郁代と話したとき、私が「仲道の演奏時の姿勢は、ほぼ問題がなくなってきたな」と言うと、「いや、もう少し背中の緊張を取らなければ」と仲道が答えたのです。彼女の向上心からすると、もっと上達するためには背中の緊張を取るという課題があるのだなと知らされました。こうして、背中の緊張を自分で意識できるから、超一流なのでしょう。そして、彼女は自分なりのやり方で、その緊張から解放される方法を見つけると思います。

背中を伸ばす意識で姿勢を取ると、緊張感が生まれるばかりではなく、横から見てS字であるはずの背骨がI字に近くなる危険があります。ある時、NHK交響楽団でバイオリンを弾いている教え子が、私の所に相談に来ました。「手が震えて弓が止まらないのです」それに「ラーメンのスープを飲もうとしても、手が震えてレンゲで飲めません」と泣きそうな顔で訴えてきます。そこで事情を聴いてみると、整形外科で診てもらったけれど、身体には何も問題はないと相手にされなかったそうです。そして、困って私のところに訪ねてきたのです。医者も、身体がこんなになっているのに、何も問題はないとはひどいものです。本人は、バイオリン一本で家族を養いながら生きているので、バイオリンが弾けなくなったら大問題になるのに、無責任なものです。

彼は幼い時からバイオリンのレッスンで背筋を伸ばせ、伸ばせと言われ続けていたのです。それに対して、なまじ真面目なものだから、正直に背中を伸ばそうとしていた報いだと思います。

そのおかげで背骨がI字に近くなってきて、神経を圧迫して腕の動きがおかしくなっているのだろうと思いました。医学的に検査をして問題なくても、実際に身体に症状が現れているのですから。私も音楽専門学校で指導していたので、演奏家を目指している生徒たちの背中を見てみると、一様に平べったく背骨がI字に近くなっているのが心配でした。

そこで、両腕を水平に開き、手の平を上下に入れ替えさせようとしても、それができません。本人は深刻ですが、練習すれば出来るようになるからと安心させて、いくつかの体操を教えて帰しました。しばらくたって、弓を止めることが出来るようになったし、ラーメンも普通に食べられますという報告を聞いて安心しました。それよりなにより、バイオリンを続けられることが一番です。こうやって体操で、身体の状態が改善されているのを医者は嫌いますし、認めません。

「背中を伸ばせ」という、ちょっとした姿勢への指示ですが、これが大変なことになる可能性もあるのです。音楽は早期教育の典型的なものですが、まだ骨の成長途中の幼い子どもということを、十分に考慮しなければなりません。そういう子どもに、簡単に「背中を伸ばしなさい」などと言うのは無責任極まりないと思います。指導者として、あまりに無知だし、無責任で指導者失格です。生徒の発育発達を考えない指導は、害しか生まないと思います。

姿勢を正そうとするなら、肋骨の一番下の骨を0.5〜1センチ引き上げてやると、背中も伸びるし腰もいい位置に収まります。身体の前半身と後ろ半身を連動させるときに、見えない後ろ半身を意識すると無駄な力が入りやすいので、要注意です。出来るだけ見えないところを意識しないで、自分で見えているところを意識するようにした方が、余計な緊張を生まないと思います。

そして、身体の前半身と後ろ半身を連動させて動く体操を考えました。膝を曲げながら肩甲骨を開いて小さくなる時に、顎を引きます。この小さくなった姿勢から、膝を伸ばしながら肩甲骨を閉じて大きくなり、顎を上に向けます。膝は曲げる・伸ばす、肩甲骨は開く・閉じる（胸は閉じる・開くと逆の動きになる）、顎は引く・上に向けると3か所を動かしながら身体の前半身と後ろ半身を連動させます。

この3か所を意識しながら身体を動かすというのも、身体の連動性が感じられていいと思います。身体全体で小さくなったり・大きくなったりをリズムよく繰り返し、動きを滑らかにしていきます。肩甲骨を閉じると胸が開く、肩甲骨を開くと胸が閉じることを体験すると、身体って面白いなと感じます。そして、両方を意識するのではなく、どちらか一方を意識して動けば両方が動くことが解ります。こうした体験によって、運動を様々な観点から見ることが出来るようになるのです。

ナンバ式お元気体操３

（前半身と後ろ半身の連動）

膝を曲げながら肩甲骨を開き、小さくなって顎を引く（写真1）。その姿勢から膝を伸ばしながら肩甲骨を閉じて大きくなり、顎を上に向ける（写真2）。膝を曲げる・伸ばす、肩中骨の開く・閉じる、顎を引く・上に向ける、の3か所を動かしながら、身体の前半身、後ろ半身を連動させる。

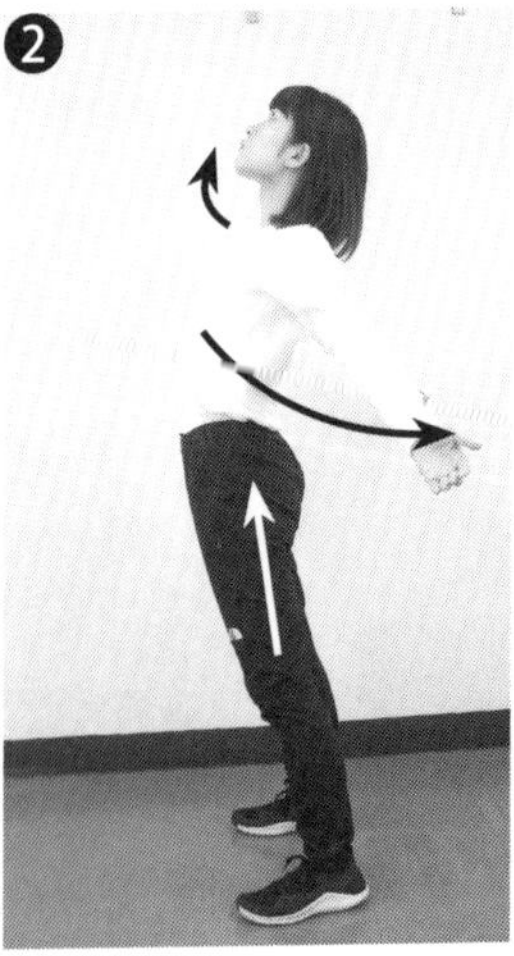

これから動こうとするときに、肋骨を意識するのか肩甲骨を意識するのかで、動き自体が大きく変わってきます。いろんな動きの中で、自分自身で肋骨を意識したり肩甲骨を意識したりして、いろいろ試してみれば、自分はどこを意識して動けばいいかということが解ってきます。上達するためには、動きのポイントを掴むことが大事になります。それを動きの感覚とも呼んでいます。自分の身体は、自分の感覚で動かすしかないので、こういう試みの中から自分に合ったものを見つけていくのです。みんな一律にこう動かしなさいというのは、あまりに傲慢なやり方です。

④ アーチの連動

大学で授業をやっていても街を歩いていても、確かに体格は良くなったし、スタイルも良くなっているなと感じます。しかし、女性にしても男性にしても、脚がまっすぐ伸びているという人が非常に少なく感じます。O脚やX脚になっていれば、とてもスタイルがいいとは言いがたいのです。両脚をくっつけて足首がくっついているのに膝が開いているのをO脚といいます。膝の間から向こうの景色が見えるなどは、なんとも興ざめな気持ちになります。これでは、とても美脚などとは呼べません、曲がっているのですから。

顔や服装にばかり気を使うのでなく、自分の身体にも気を使わないと、片手落ちではないでしょうか。また、膝がくっついていると足首が開いてしまうのをX脚といいます。ハッキリ言って、どちらもスタイルが良いとは言えません。しかし、最近の私の観察によると、圧倒的にO脚が多くなっているのは嘆かわしいことです。膝の間が開きすぎているのは、みっともないとしか言えません。

もともと真っすぐなはずの脚が、どうしてO脚やX脚になるかというと、足裏に3つの大きなアーチがあります。足の内側の土踏まずのアーチ、外側である小指側のアーチ、足指の付け根あたりの内側と外側を繋いでいるアーチの3つです。この3つのアーチのバランスがとれていたら、

足裏の３つのアーチ

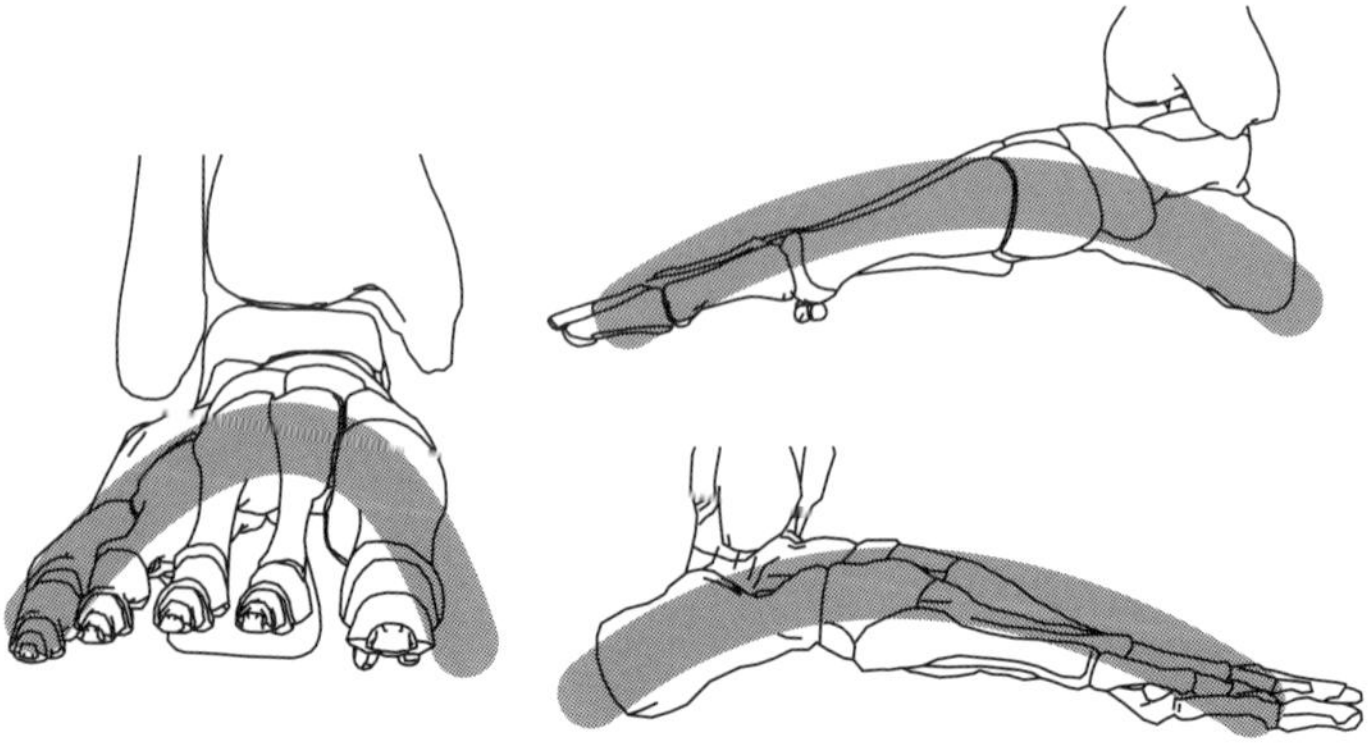

重心は足裏のほぼ真ん中に来ます。そしたら、脚はまっすぐなはずです。

それが、この３つのアーチのバランスが崩れて、重心が足裏の外側にかかっていればＯ脚に、足裏の内側にかかっていればＸ脚になります。だから、このアーチのバランスを取り戻してやらなければ、Ｏ脚もＸ脚もまっすぐには戻りません。足底板や器具などを用いても、脚は真っすぐには戻りません。脚が曲がっているのは、自分の足裏のアーチがバランスを崩しているので、そのバランスを整えてやるしか方法はないのです。

この足裏の３つのアーチのバランスを取る体操が、ちょっと脚を開いて、足先は開かず左右の足を平行にして、膝に手を置いた中腰の姿勢になります。ちょっと重心を前にかけ親指の付け根と小指の付け根が浮かないようにして、膝を少し外に開きます。こうすると、土踏まずが

足裏アーチのバランスをとる体操

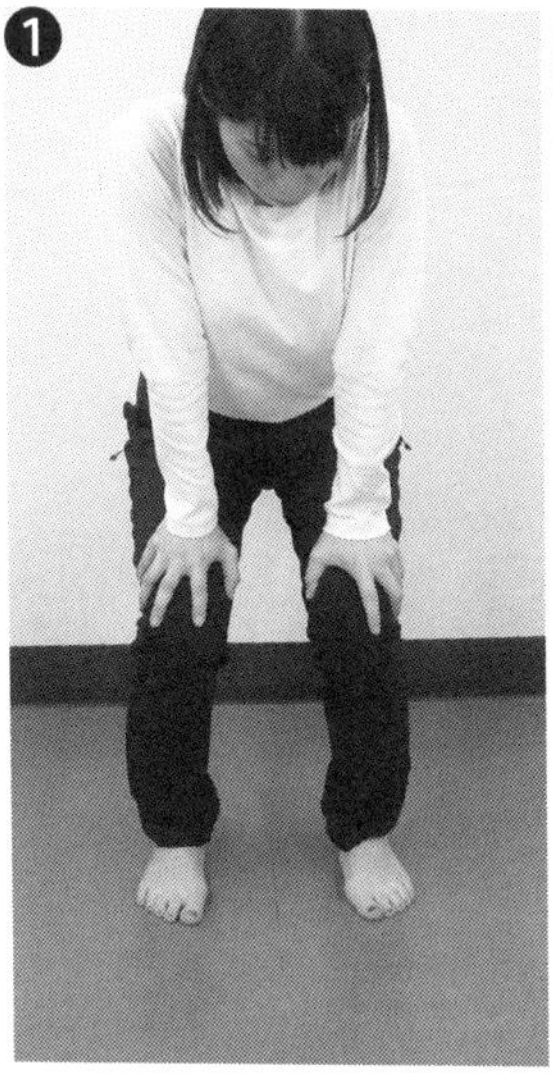

足先は開かず平行にして、膝に手を置いた中腰の姿勢になる。

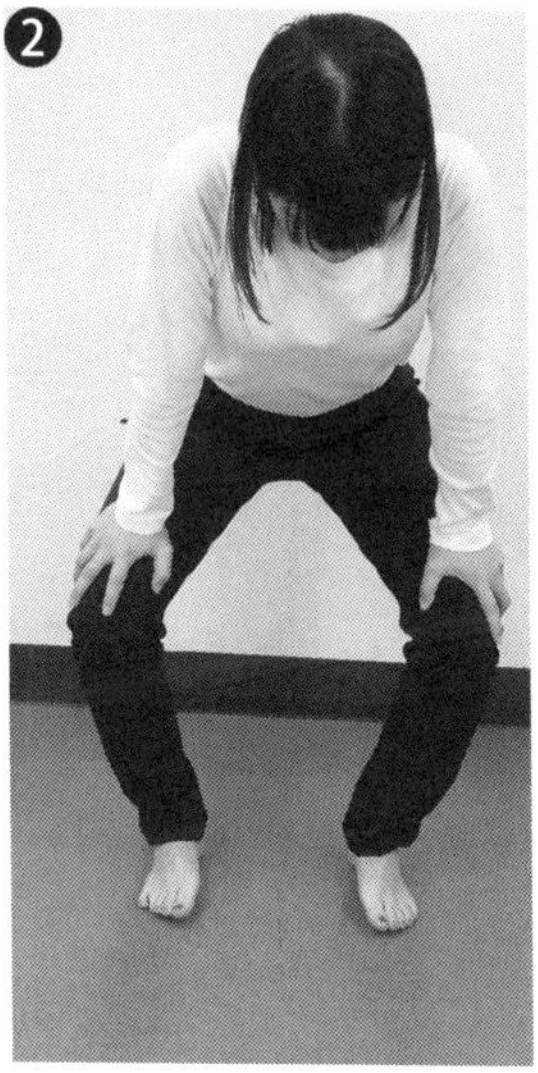

少し重心を前にかけ、親指の付け根と小指の付け根が浮かないようにして、膝を少し外に開く。この状態で足指全体を動かす。

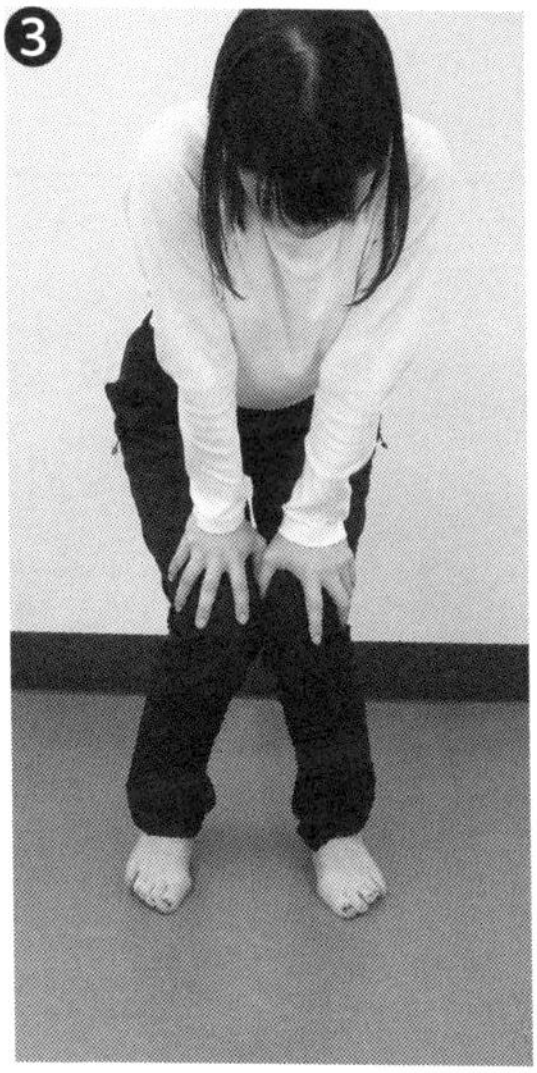

次に、膝を少し内側に入れる。この状態でまた足指全体を動かす。

緊張します。この状態で、足の指全部を動かします。次に、膝を少し内側に入れます。こうすると、足の外側である小指側が緊張します。この状態で足の指を動かします。

この体操で3つのアーチのバランスを整え、重心が足裏の真ん中に来るようにしないと、脚は真っすぐになりません。重心のかかる位置がずれているから、脚が曲がってしまうのです。いつでも気が付いたときにこの体操を行えば、だんだん重心の位置が真ん中に来るようになり、脚もまっすぐになります。しかし、即効性はないですよ、骨を矯正するのですから。O脚はみっともないから、さっそく試してみてください。それと、この体操で偏平足も治ります。付け加えておくと、長距離走者などに多い足底筋膜炎もこれで予防できます。

5 頑張り感を消していく

運動実感というものがあります。身体を動かすときに、自分自身で努力感を感じながら動かしている時の感覚です。例えば、地面を蹴って走っていると実感していたり、脚を踏ん張ってピアノを頑張って弾いているぞと感じることを運動実感と呼んでいます。つまり、今からこう動こうという時に、頑張って動こうと意識することは、身体のあっちこっちに無駄な力が入りやすいということです。無駄に力んでいるだけという結果になりかねません。

この頑張り感というのは厄介なもので、自分では頑張ってやっているんだという自己満足につながりやすいのです。この自己満足というのか独りよがりというのが曲者で、傲慢の出発点になりやすいので気をつけなければなりません。また、自分で頑張っているという意識があるうちは、これだけ頑張っているのにという愚痴に繋がりやすいのも危険です。これが初心者段階で起こるので、厄介なのです。

動きが上達するというのは、意識して動いていたものを、無意識で動けるように近づけていくことです。意識して動いているうちは、まだその動きが身についていないということです。だから動きも、どうもギクシャクしています。この段階が、初級者・中級者で、動きや姿勢に無理や無駄がまだまだ残っていて、動きに改良の余地があるということです。練習を重ね特別に意識しないでも、身体が自由に動くところまでいけば上級者と呼べると思います。だから、自分が頑張って走っているとか、頑張ってピアノを弾いていると感じるのは、無理や無駄が非常に多いということを自覚してください。

また、自分から「頑張ります」というのも、違うと思います。頑張るというのは、自分で自覚するのではないのです。自分が頑張っていると感じるのは、単に力んでいるだけで、決して全力を出し切っているのとは違います。頑張るというのは、周りの人たちがあなたのやっていることを見て、「頑張ってるね」と認めることです。自分では、頑張るのではなく、全力を出し切るということに集中しなければならないのです。そこが大事だから、ピントを外さないようにして下さい。

どんな分野でも（スポーツ・音楽その他）、上級者や超一流と呼ばれている人たちは、やるべきことを軽々とこなしています。短距離のボルトを見ても、地上最速のスピードで走っているにもかかわらず、頑張り感がなく楽々と走っています。ピアニストの仲道郁代にしても、どう見ても頑張ってピアノを弾いているとは見えません。いかにも軽々とピアノを弾いているように見えます。（ユーチューブでも見てください）

このように、どの分野でも超一流と呼ばれている人たちは、姿勢や動きに無理や無駄がなく流れるように滑らかに動いています。走るにしてもピアノを弾くにしても、力任せでやろうとせず、動きに任せて楽々とやろうとすることです。走る時でも、頑張ってスピードを出すのではなく、頑張らないでいかにスピードを出すかということを考えながら取り組むようにした方がいいと思います。楽にスピードが出せる動きを探求していくことです。ピアノを弾くときも、頑張らないで自分の出したい音を出すように試みればいいのです。しかし、本人意識は、全力を出し切るということです。頑張って動こうから、動きを改善しように頭の回路を切り替えるのです。

初めての動きに挑戦するときなどは、身体全体に無駄な力が入りガチガチになってしまいます。そして、ぎこちなく無理な姿勢で動いています。例えば、免許を取りたてで車を運転するときには、ハンドルにしがみつき全身を緊張させて運転しています。2時間も車を運転すると、身体は筋肉痛になっているし、緊張で頭も非常に疲れます。これは初めてのことに挑戦するため、仕方のない反応だと思います。その反面良いこともあります、新しいことに取り組み始めた時は、こういう苦労もあるのですが、上達速度は驚くほどです。毎朝起きれば、自分で上達しているのが自覚できるほど伸びています。これで、やる気が刺激され、面白く取り組むことができるようになるのです。

そして、半年一年と運転に慣れてくると、片手ハンドルで運転し、気持ちも余裕をもって周りの景色も楽しめるようになります。そうすると、車を運転して筋肉痛になることもないし、頭が疲れるようなことなどもなくなります。それどころか、車を運転することが良い気分転換にもなるし、憩いのひと時にもなります。こういうことが上達しているということですし、頑張り感を消していくということです。

こういうと、それはリラックスではないかと言う人もいますが、リラックスとは少し違うと思います。リラックスというのは、無駄な力を抜いていくと意識されていると思います。しかし、脳が筋肉に指令できるのは、収縮して力を入れることだけで、弛緩して力を抜きなさいとは指令を出せないのです。

だから、頑張り感を消していくというのは、無駄な力が入りにくい姿勢や動きを探していくということです。人間の構造からいって、こういう姿勢を取れば無駄な力が入りやすいとか、こういう姿勢を取れば無駄な力が入りにくいという姿勢があるのです。そういう力の入りにくい姿勢を探していくのです。また、動きにしても、こう動けば身体にとって無理があるとか、こう動けば、身体にとって無理がない自然だという動きがあるのです。

例えば、陸上競技の短距離走や長距離走でも、頑張ってスピードを出していては、それを維持するのは短い時間になります。だから、頑張らないでスピードを出す練習をするのです。頑張らないでスピードが出せる動きを追求する、と言い換えてもいいと思います。楽にスピードを出せるようになれば、そのスピードを維持する時間も長くなります。そうすることが、走る記録を、短縮していくことだと思います。そういう頑張り感を消していくという視点に立って考えれば、いろんな種目や動きでも、まだまだ工夫の余地が見いだせると思います。

ナンバでも、頑張り感を消していくということは、動きの一つのテーマになっています。動きを改善して、いかに滑らかに、楽々と動くかということを追求していくのです。その結果が、理想の動きに近づいていくことです。

6 痛みをコーチにする

肩が凝るとか腰が重いとか、身体の局部に違和感や痛みを覚えることがあると思います。こういう時に、マッサージや針灸、カイロなどに行っても、一時的に痛みが和らぐだけです。これは対症療法で、根本的な解決にはなっていません。だから、何日か経つと、また痛みはぶり返してきます。それは、姿勢も動きも、以前と同じだからです。そして、またお金と時間を使って通うことになるわけです。だから、リピーターも多く評判がいいという店は、痛みや違和感を根本的には解決してくれない店だともいえます。

そんな無駄なことをしなくても、何もしないで身体を休めるだけで、痛みは和らぎます。何もしなければ、身体は回復するようにできているのです。しかし、また日常生活に戻って、姿勢や動きが以前のままなら、同じように痛みや違和感に悩まされることになります。この堂々巡りは、痛みや違和感の根本原因を解決していないからです。姿勢や動きを変えていないから、こうなるのです。

そこで、身体の違和感や痛みについて考えてみましょう。この原因は、日常的な生活の中での動きや姿勢にあるはずです。身体を痛めるような姿勢をしていたり、動きをしているということを自覚してください。言ってみれば、身体の姿勢や動きの生活習慣によるものなのです。だったら、こういう身体の痛みや違和感も、生活習慣病と言うべきだと思います。

これは自分自身の姿勢や動きのクセだから、なかなか自覚することができません。だから、身体が痛みを発しているということは、身体からの「姿勢や動きを変えてくれ」という叫びともとれます。この身体からの「姿勢や動きを変えてくれ」という叫びを聞くことによって、自分自身の姿勢や動きを振り返る機会を得たのです。これは「ありがたいことだ」と感謝しなければなりません。そうして日常での姿勢や動きを確認して、改善するのも楽しい作業です。

身体の痛みや違和感に対して、マッサージや針灸、カイロで対応しても、それは対症療法で根本的な解決にはなりません。こういう治療院の人たちも、人間の姿勢や動きに関してもっと勉強するべきだと思います。身体の痛みや違和感を解決するには、姿勢や動きを変えるしかないのです。こういう新しい思考回路を作ることが大事です。そうして痛みや違和感から解放されれば、もう不快感は無くなり、今までより、一層自分の身体に関心が向いていくことでしょう。

何事でもそうですが、痛みや違和感の根本的な原因を探って、それを解決しない限りは、一時しのぎでいつまでも不快感に悩まされることになります。目先のことを誤魔化してやり過ごしていたら、いつかウソに結びつきやすくなるので注意することです。これは心の問題でも同じことです。悩み・苦しみ・悲しみの根本原因は、心の動かし方にあると思います。その心の動かし方を変えない限りは、何も解決できません。何も解決しないで同じことを繰り返すのか、根本から解決して新しく出発するのかは、すべて自分の考え方です。だから、前向きに。

一つ痛み解決の例を上げます。むかし「みのもんたのおもいっきりテレビ」という番組を昼にやっていました。そのディレクターから、外反母趾へのナンバ的対応を紹介してくれという依頼が来ました。そこでテレビ視聴者から、ひどい外反母趾で悩まされている人を4人ほど選び、指導しました。放映の2週間ほど前に、集まってもらい歩き方を観察しました。その結果全員が、膝は進行方向にまっすぐ出ているのに、足先は外に向けて歩いていました。外またで、ドナルド・ダックのような歩き方です。これなら外反母趾になると納得できます。膝はまっすぐ出ているのに足先は外を向いていると、脚が捻じれて出ているから、何らかの障害が出ても不思議ではありません。

試しに屈伸の姿勢を取り、膝をまっすぐ前に向け、足先を外に開いて、少しつま先寄りに体重をかけると、足の親指の付け根に負担がかかります。これが外反母趾の原因なのです。このように実感してもらうと、納得できると思います。理論だけではダメで、実際に自分の身体を使って動かして、感じることが大事なのです。このように歩くときに、脚が捻じれていると、膝・足首、アキレス腱のいずれかが痛みを生じたり、外反母趾になるのです。

そこで、ナンバの指導は、この脚の捻じれを直してやることです。何も難しくありません、床の板の目に沿って膝と足先をまっすぐ前に出しながら歩く練習をしてもらいました。しかし、普段から足先を外に向けて歩くクセが身についているので、なかなか足先がまっすぐ出ません。そこで、ちょっと内股になるような意識で歩いてもらうと、やっと足先がまっすぐ出るようになりました。動きを矯正するときは、ちょっと極端に意識してもらった方がいい場合もあります。何回か歩いてもらって、家に帰ってもこの歩き方を意識して、忘れないようにと言って別れました。本人は外反母趾の痛みから解放されたいので、こういう歩きの練習は熱心にやってくれたようです。

2週間後にスタジオでテレビに向かってナンバ歩きの説明をしている時に、ナンバ歩きは外反

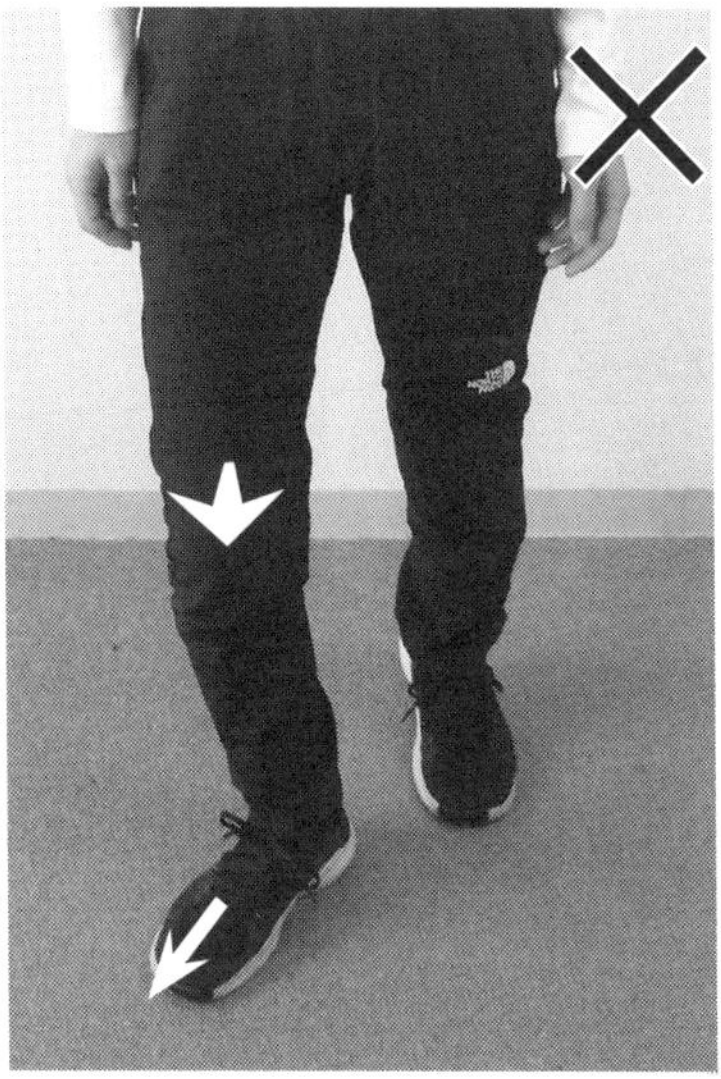

膝の方向に対して足先が外に向いていると、親指の付け根に負担がかかる。これが外反母趾の大きな原因になっている。足先の向きを膝の方向に合わせるように心がけると、外反母趾は改善する。

母趾にも効きますとレントゲン写真を見せられました。ナンバ指導前の外反母趾で親指の付け根が外に出っ張った写真がでて、ナンバ指導後の親指の出っ張りが消えている写真が出ました。医者のコメントは、動きで治ったといえないものだから、改善されていますねで終わりました。医者というのは不思議な生き物で、動きで治ったとは絶対に言いません。医者が言う「治る」とは、薬を使うか手術をするかです。私には、理解できないのですが、そういう不思議な世界らしいのです。

外反母趾をハイヒールや靴のせいにするのは、自分の動きを棚に上げすぎです。ハイヒールや靴は何も悪くなく、自分の歩き方が悪いのです。だから、靴を変えてもダメ、足底板などを使ってもダメ、器具などに頼ることが間違っているのです。自分の歩き方で外反母趾になっているのだから、歩き方を変えるしか方法はないです。自分の非を認める謙虚さは、人間にとって大事なことだと思うのですが。

このように身体に痛みや違和感があった時に、自分を振り返らずに他に責任を転嫁するクセがあるのが問題です。まずは自分を振り返るクセをつけたいものです。痛くなった原因は自分にあるのではないかと振り返れば、大概のことは解決できると思います。このように考えれば、痛みは自分の動きや姿勢を振り返るためのコーチ役になるということです。コーチもピンキリですから、良いコーチになるよう身体の声に耳を澄ましましょう。

心の痛みも、自分の心の動かし方に問題があります。心の痛みからの解放のためには、心の動かし方を変えるしかないのです。心の動かし方も、単なる自分のクセですから。

7 感性を磨く

感性というのは、微妙な差を感じ取ることと定義します。これは、ナンバを身に付けたり指導するために、非常に大事になってきます。自分で姿勢を取ったとき、動いてみた時の微妙な差が解らないといけないのです。そうでないと、姿勢や動きを洗練させていくとか、技術を身に付け上達するというのが難しくなるのです。感性というのは、視覚、触覚、聴覚、嗅覚、味覚の五感が関わってきます。その感性の磨き方も、何に必要なのかを考えて、それぞれのやり方があると思います。ここでは姿勢や動きに関して、私が行っているやり方を紹介するので、それを参考に自分なりの感性の磨き方を創り出していってください。私が行っている感性の磨き方は、おもに人間観察と自然観察で、それを紹介します。

① 人間観察

私が就職した桐朋学園は仙川にあり、その敷地には幼稚園から大学までがありました。だから、4歳くらいから22歳くらいまでの生徒が通って来るのです。発育発達から見ると、人間として動き始めてから動きが完成するまでの、そういう生徒たちが活動しているということです。いま思えばこんなに人間観察にとって、恵まれている環境はないと思います。通園・通学の生徒の、普段の動きを見ることもできます。また、体育の授業で、グランドや体育館、プールでの動きを見ることもできるのです。

そうやって観察していると、幼稚園児たちのおぼつかない歩き方が、こうやって安全に歩けるようになるのだと納得できます。幼稚園児は、バランスを取って安全に歩くために、身体をほとんど捻じらないで歩いています。捻じって歩くと、バランスを崩して転びやすくなるからだと思います。これもナンバ歩きといえます。それが、高校生くらいになると、肩を前後に振って捻じりが入ってきた動きになります。体育の行進の影響と、元気が溢れてくるからだろうと思います。そして、大学の3・4年生くらいになると、化粧して着飾り始めてシャナリシャナリと歩くようになります。女子学生が圧倒的に多いので、色気づいてきたからだろうと思います。自分が見られている意識が強くなるのです。

また、幼稚園児や小学校の低学年の生徒たちの中には、運動会で走っていて何もない所で転ぶ生徒もいます。それはなぜだろうと考えるのです。これは動きを観察していると、やはり捻じりが入ってきたこと、それと気持ちが前に前にと行って身体が前傾しすぎだなと思われます。こうやって生徒たちを観察していると、心身の発育発達もあるけれど、姿勢や動きの発育発達もあるのだと納得させられます。指導者としては、心身と姿勢や動きの発育発達に合わせた指導をしないと、大変なことになるだろうなと心配になります。この生徒たちが、明日の世界を担っていくのだからと期待して育てないと。

私が、4歳から22歳までくらいの生徒の、姿勢や動きを見て考えるのは、どうすればもっといい姿勢や動きになるかということです。それは日常生活での姿勢や動きだったり、専門の楽器を弾いている時の姿勢や動きだったりしました。どういうアドバイスをすればいいかなと、いつも考えながら観察しています。

こういう観察眼は、幼稚園の運動会からオリンピックや世界選手権まで一貫して同じです。幼稚園の生徒の動きをどう変えれば、もっと速く走れるのだろうかと考えます。それと同じように、ボルトの動きをどう変えれば、もっと速く走れるようになるのかなという思いで見ています。私にとっては、幼稚園児もボルトも同じような観察対象なのです。だから、幼稚園の運動会も楽しめるし、オリンピックも楽しめます。

そして、スポーツのどんな種目でも、世界のトップ選手の動きを見ることは、姿勢や動きを研究していくうえで非常に参考になります。そして、世界のトップ選手がもっと伸びるためには、どういうアドバイスをすればいいのかと考えながら観察することです。世界のトップ選手だからといって、姿勢や動きが完成されているわけではないのですから。まだまだ伸びる余地はあるでしょう。そういうことを考えることで、感性が磨かれると思います。

街に出て、人々が歩いているのを見ても、あの人の歩き方は素敵だなとか、あの人の歩き方は変だねと思いながら見ています。それだけでは終わらず、もっといい歩き方にするには、どういうアドバイスをすればいいかなと思いながら見ているのです。また、電車などで座っている姿勢とか、立っている姿勢なども観察して、もっとこうすればいいのになどと頭の中を巡らせています。私は、人間が一番好きなので、こうやって人間を観察することが非常に楽しいのです。

もう一つ、私は年間に20回以上クラシック音楽の演奏会を見に行きます。教え子たちが演奏家に育ち、演奏会の招待状を送ってくれるので、都合がつけば足を運ぶようにしています。演奏している音は自然に耳から入ってくるので、ひたすら楽器をどう弾いているのかと身体の動きを見ています。そうやって観察していると、出てくる音と、その音を出すための動きが一致してきます。こういう動きで弾いているから、こういう音が出てくるんだと納得できるようになるのです。そうすると、動きを見ただけで上手いか下手かもわかるようになります。そして、アドバイスするなら、ここだなという事も解るようになります。こうするのも一つの観察の仕方です。

そして、人間観察をしていると、姿勢や動きに心の状態が反映されていることに気づきます。心から身体に影響しているのか、身体から心に影響しているのかは、観察しているとどちらもあると思います。だから、心の状態を良くするために身体に参加してもらう、身体の状態を良くするために心に参加してもらうこともあります。しかし、それは個人個人によっての対応になるので、こうすればいいという方程式はありません。

② 自然観察

山が好きな人もいれば、川が好きな人もいるし、海が好きな人もいるので、一年を通して観察できるものを何か選んでください。そして一年を通して自然の移り変わりを見ながら、何を感じるか。自分の心に何が共鳴するかを観察するのです。

私は、空が好きで一年中どこに行っても見えるので、空を観察しています。空の色はもちろんですが、空に浮かんでいる雲や星、月、太陽なども観察しています。昼夜を問わず、気が付いたら空を見るようにしています。空を見ようとしたら、必然的に上を向くので、それだけでも心が軽くなります。下を向いていたら、心まで沈んでいきますから。そして、空の色というのは、毎日変化しているのです。薄い青から濃い紺色のような色まで、毎日変わったり、季節の移り変わりとともに色が少しずつ変わっていったりと、全く飽きることなく見ていられます。空の色で季節に気が付いたり、季節の移り変わりで空の色に気が付いたりと、少しも休ませてくれません。

夜でも空を見るようにしています。夜の空の色というのも、季節によって変わってきます。そして、晴れている日ばかりではないので、曇りの日や雨の日も空には表情があります。一時も止まることなく、常に変化している空を見ていれば、自分の心も頭も止めてはいけないなと、気合を入れられているような気になります。曇り空や雨空を見るときは、その表面の空だけでなく、雲の後ろは晴れているんだということを忘れないようにしています。

また、空には飾り物が多いのに驚きます。雲を引きつれ、星や月や太陽までも遊ばせています。雲は何処から来て、何処へ消えていくのかと観察していても、はっきりしたことは解りません。そして、せわしなくいつも姿を変えています。雲を写真で写すのは簡単ですが、絵で描くのは固定されていないので難しいと思います。そして、雲の白も様々で、一つとして同じ白がなく、別人かと思う白も同じ白で、こういう事をぼんやり感じながら見ていることが刺激になるのです。

空に浮かんでいる星、月、太陽に関しては、自由に動いているようで、軌道は固定されていることに気が付きます。星の通り道があり、月の通り道があります。そのうえ月は、ただ通るのではなく毎日姿かたちを変えながら進んでいるのです。それを観察しない手はないのです。この月の変化を毎日見ていれば、何も感じないでいることの方が難しいのです。太陽は温かさを運んでくれているが、春夏秋冬で何故あんなにも温かさが変わるのだろうと驚きます。星は大きくなれば太陽になれるし、太陽は小さくなれば星になってしまうと思わずにはいられないのです。星は自分では光ってないと言われても、星を見ていたら輝いています。そして、昼間も星は隠れたりせずにそこに居るのに、ただ謙虚に姿を消しています。

自分の心と自然の変化を照らし合わせながら、心の中で対話が始まります。誰に相談しなくても、自然との対話で解決することも少なくないのです。そういう事を体験することが、感性を磨くことにもつながっていきます。

自然というのは、人間にとって優しくもないし厳しくもないものです。自然は人間など関係なく、そこにあるだけです。人間は、自然の中で生かしてもらっているだけです。なら、ちょっと自然をお借りして、感性を磨く手助けに使わしてもらってもいいじゃないかと思います。だから、自然を拝借して感性を磨こうよ。

8 マニュアルは作らない

2018年にノーベル賞の医学・生理学賞を取った本庶佑さんの「一番重要なのは、不思議だなという心を大切にすること。教科書に書いてあることを信じない。常に疑いを持って、本当はどうなんだろうという心を大切にする。つまり、自分の目で物を見る、そして納得する、そこまで諦めない」という言葉が好きです。

ノーベル賞学者が、教科書を信じるなと言っているのは衝撃でもあり、その通りだなとも思います。痛快です、アッパレです。簡単に信じるということは、自分で何も考えていないということです。やはり、自分で考え、自分で試し、自分で感じ、自分で判断し、自分で納得するということが非常に大事だなと思います。机の上だけで解決できることなど、たいしたことではないのです。そのためには自分の中で、常識とか固定観念、思い込み、決めつけを作らないということです。いつでも新しいモノを取り入れる空間を、頭の中に作っておくということです。

いろんな人に「ナンバのマニュアルは作らないのですか？」と、何度も聞かれました。そのたびに「マニュアルは作りません」と答えてきたのです。なぜ、マニュアルを作らないかというと、マニュアルを作った時点で考えることを止め、そこからなにも進歩しなくなるからです。マニュアルに安心して、昼寝してしまいそうです。マニュアルがあれば、ただそれに従って何も考えずに繰り返すようになります。創意工夫もなければ臨機応変もなくなってしまいます。その恐ろしさを考えると、とてもナンバのマニュアルを作ろうなどという気にはなれません。

マクドナルドのカウンターを思い出してください。店員さんは、マニュアル通りに何の感情もなくロボットのように対応してくれます。そこで、人間と対応しているとは思うと、腹が立って来ます。対応してくれるのが人間でなくロボットだったら、まだ納得できます。相手が人間だから、不愉快極まりない気分になるのです。気配りもなく、目配りもなく、書かれていることを棒読みする対応に、誰が頭を下げるものかと強く思います。マニュアル通りという名のものとでは、人間の持つ温かさなど消えてしまい、全く無味乾燥なモノしか残りません。こういうことが嫌いなのです。

マニュアルの危なさは、一見すると万人に通用すると思われています。しかし、一人ひとりは明らかに違う人間なのです。その違う人間に、一つの指令でみんなを同じように扱うのは、受け入れられない人も出てきて当然だし、そういう危険をはらんでいます。それは、前にも書きましたが、権力者が、下のものを有無を言わせず従えることに似ています。号令、揃ってる、みんな同じ服を着て同じ動きをするという、得も言われない気持ち悪さを含んでいると思うからです。

いろんなところでマニュアルを作るようにとか、マニュアルがあれば便利だとか聞きます。本当にそうなのか、いつも疑います。ここでも便利や簡単に流されている傾向があると思います。マニュアルのいい面ばかりしか見ていないのではないか、それよりマニュアルの弊害に目を向ければ、そんなに簡単にマニュアルを作ろうなどという気にはならないはずです。物事には両面あり、どちらの面からも見て、プラス面もマイナス面も理解したうえで、どちらを選ぶかという選択を迫られるのです。そして、完全にいいものなどなく、常に弊害を含んでいるということを理解していないと大変なことになります。

私は常識を簡単に信じるな、自分の中に固定観念をつくるな、自分の思い込みに縛られるな、こうだと決めつけるなと自分を戒めています。常識、固定観念、思い込み、先入観、決めつけがあれば、簡単に判断・選択できるようになります。しかし、そうすれば間違いも多くなり、後悔が増えてきます。自分自身を苦しめているものが、常識、固定観念、思い込み、先入観、決めつけだと思っています。

そういうことを防ぐために、物事はいろんな方向から見るようにすること、物事はいろんな解釈の仕方があること、対応は一つではなくたくさんあること、自分の感覚を鋭くしておくことなどを心がけています。自分の考えでさえ、時の流れで変わってしまうのですから。そして、頭の中に何でも入れられる空間を、いつも作っておくことです。

そして言い換えると、メンタルコントロールとは、こういう事を身に付けることです。メンタルコントロールというのは、ものの見方を増やし、ものの考え方を増やし、様々な難しい場面に(ナンバ)どう対応するかを臨機応変に臨んでいくことだと思います。起こっている現象は一つでも、その対応の仕方は無数にあるのです。その自由を残しておくためにも、マニュアルは作らない方がいいと思います。

ナンバから臨機応変や創意工夫を取り除いたら、ただの単純運動になってしまいます。ナンバは、いつでも柔軟に変化していくものなので、個体から液体までの間を自由自在に変化する不思議なものだと思っています。

第3章

歩きを考える

1 人間はなぜ立ったのか？

現代のことばかり見て、いろんなことを考えたり判断したりしていては、本質を見誤ってしまいます。流れの中の一局面を見ても、全体は見えていないのと同じです。やはり歴史から、われわれ人類を見て、どう変化してきたかを知ることが大事だと思います。地球のことを考えるなら、8〜10億年前から今までというくらいの期間で考えないといけません。そして、人間のことを考えるなら、500〜600万年前からの進化の歴史から見なければなりません。長く広い目で見ることも大事です。

我々はチンパンジーとの共通の祖先から、袂を分かって人類へと進化したのが500〜600万年前と言われています。われわれ人間がチンパンジーと同じ祖先だったと聞くと、気分を害される人もいると思います。特に、キリスト教を深く信じている人たちは、「神が人間を創りたもうた」と反発するでしょう。しかし、それは神話の世界の中にしておいてください。本当のところは違うのです。

チンパンジーと共通の祖先を持つといっても、人間はチンパンジーから進化したわけではあり

ません。そこのところは、理解しておいてください。遠く遡っていけば、同じ祖先を持つのではないかという進化論での予測です。あまりに遠くたどれば、脊椎動物はとか、カンブリア時代はなどという屁理屈は止めましょう。

京都大学の研究者たちが、チンパンジーやゴリラを研究して人間と比較しているのも、共通の祖先から枝分かれしたと思われるからではないでしょうか。だから、チンパンジーやゴリラと似ているところもあるし、全く違うところもあるということでしょう。ちょっと考えてください、最近の遺伝子の研究では、私とあなたは99・9％まで遺伝子的には同じで0・1％の遺伝子の違いが私とあなたを区別しているのです。そうすると、人間とチンパンジーは96％まで遺伝子的には同じなのに、この4%の違いをあなたはどう考えますか。

　遠い昔、人類もチンパンジーも森の中で、同じように4本の手で上下の木の枝につかまって立って、樹上で木の実などを採って生活していたのです。同じように、枝につかまりながらの二足歩行で移動していたのです。やはり仲間であるし、親戚です。しかし、ここからの進化の仕方が違ったのです。チンパンジーはそのまま森での生活をつづけたのですが、人類は地上のサバンナに降りたのです。

　チンパンジーも人類も樹上で生活していた時は、4本の手を使って枝をつかみ移動していました。人類もチンパンジーも、脚というものを持っていなかったのです。手と足の区別は、手は親指が他の4本の指と向かいあっていて、物をつかむのに便利に出来ています。物をつかむために、手の指は長くなっています。だから、上下の木の枝を手でつかんで、立ち上がっていたのです。しかし、足は、親指も他の4本指と同じように伸びていて、物をつかむのには不向きですが、立って移動するのには有効です。そして、立ってバランスをとるために、足裏が広がり指が短くなっています。この手と足の違いが大きいのです。これは、ちょっと自分を振り返れば、納得してもらえると思います。

地上に降りサバンナにでた人類は、この2本の手を脚として立ったり移動するために使うようになったのです。間違わないでください、人類は立ち上がることによって手ができたのではなく、2本の手を脚にして立ち上がったのです。人類は物をつかむことを犠牲にして脚を作り、歩き始めたのです。チンパンジーは依然として、4本の手で木の枝をつかみながら樹上生活をしています。これがチンパンジーと人類を分けた、最大の原因なのです。

進化論を唱えたダーウィン先生も言っています。「人類と類人猿を分けた最初のきっかけは、大きな脳でも言語でも道具制作でもなく、直立二足歩行である」…これくらい直立二足歩行をするという事は、大事件だったのです。いまも地球上には多くの生き物が住んでいますが、直立二足歩行をする生き物は人間以外にはないのです。一瞬とか短い時間なら直立二足になる生き物はいますが、長時間立ち続けていたり、長時間二足歩行で移動できるのは人類だけです。これが人類の特徴です。

われわれ人間は空を見上げて、自分で空を飛びたいというのは、誰もが一度くらいは見る夢です。しかし、人間の憧れである空を飛べる生き物は、鳥や昆虫やコウモリなど意外と多いのです。人間は自分で空を飛べなくても、飛行機やヘリコプターを発明したので、空を飛ぶのは夢でなくなりました。しかし、直立二足歩行で移動できるのは、生き物多しといえども人間だけです。これはちょっと自慢してもいいかもしれないことです。

初期の人類が、直立二足歩行を始めたのは、両手を開放するためではなく、移動するときの燃費節約のためらしいのです。なぜ燃費節約が必要だったかというと、チンパンジーは熱帯雨林の中を一日2～3キロ移動すれば、充分な食料を集めることができました。しかし、サバンナに降りて狩猟採取をする人類は、一日平均男性で狩猟のため15キロ、女性は採取のため9キロくらい歩かないと、生きていくための食料が確保できなかったのです。だから、移動するエネルギーを最小限に抑えたかったという事です。そのためにも、四足で歩くのではなく、二足歩行へと進化したのです。

すると、歩き方も効率よくしようと、工夫したのではないかと思います。残念ながら、歩き方は、遺跡の中に残っていないのです。残っているのは骨格の化石と足跡くらいのものです。しかし、我々の祖先がこれだけ歩いていたという事は、驚異的な長距離歩行者であったといってもいいでしょう。現代社会に生きる我々の何倍もの距離を、毎日毎日食料確保のために歩いていたのですから。やはり、先祖たちは身体を通して、我々に「もっと歩かんかい」とハッパをかけているような気がします。だから、もっと歩かないと、身心の調子が悪くなるよという、警告と考えることもできます。

食料確保のための狩猟採取ですが、いつも歩いてばかりでなく、時には走る必要も出てきたのです。まず、肉食獣から命を守るために逃げるときと、獲物になる生き物を捕らえるときです。なんせ、原始的な猟ですから、獲物がへばって動けなくなるまで追いかけ続けるのです。こういう時には、速さも求められるので走れるように進化したようです。人間の進化というのは、生き残るために適応することです。獲物を捕るために速さが求められていたら、それに適応して歩くよりも速い走りを身につけたのです。適応できないと、進化の中で滅んでいきます。頭がいいとか、身体が強いとかで生き残っているのではないのです。子孫を残し、生き残るために、環境に適応すること、必要に適応することが第一なのです。これは、今の時代でも同じことで、正しいとか間違っているとか言ってる場合ではなく、とにかく適応することです。

学校教育の現場で、生徒の個性を見つけるとか生徒の個性を伸ばすなどということが、大いに奨励されているようです。ここで言っている個性とは、奇抜な言動とか、服装という非常に幼稚なものです。周りと違っているということが、個性と捉えています。それは多分に意識的であるし、間違った自己顕示欲の表れだと思います。この場合の個性は、素晴らしい面と非常に危険な一面を持ち合わせているのです。幼い集団の中で個性は、その変わっていることが、のけ者にされたりイジメの対象にされたりする危険があるのです。個性ゆえに、足を引っ張られることがあるのです。それよりも、いろんな集団に適応するということを、重視すべきだと思います。

学校教育の中では、いろんな集団を作り、その集団に適応することを学ばせるべきだと思います。集団を渡り歩いているうちに、どうすれば仲間になれるかを学んでいけます。こういう集団の中で、平等という観念も身についていくことでしょう。そして、集団で行動するときの役割や助け合いも学べます。学校では、まず適応するということを身に付けるべきでしょう。

集団に適応するというのは、みんなに好かれるようにということではありません。嫌われないように、相手の気持ちを読み取ったり、自分の気持ちを抑えたりと、周りの気分を悪くさせないということです。集団に適応して仲間にしてもらうために、目配りや気配りを身に付けることの方が大事でしょう。これが、集団の中で生き残るための適応です。

いろんな集団に適応できるようになってから、そういう集団の中で生かせる個性というものを、自分自身で育てていくべきだと思います。だから、個性というものは、学校時代ではなく社会に出てから、周りに受け入れられるように育てていくべきだと思います。個性の早期育成は、危険を含んでいるということを了解してください。何でもかんでも個性で済ませてしまうのは、我儘を増殖させているようなものだとも思います。私も、生徒たちの個性ではなく、我儘を嫌というほど見てきましたから。

人間が走れるようになるために、身体はどのように進化していったかを見て、四足動物と比較してみましょう。人間が運動すれば、心拍数が上がり、血流が増えて体温が上がります。この上がった体温を放出するために、汗をかくようになりました。この発汗作用ということも、身体を守る大きな特徴です。四足動物は、ほとんど汗をかけませんから体温が身体にこもります。だから、すぐに熱中症状態になるので、止まってクールダウンが必要になるのです。

また、人間は走る場合に運動と呼吸を分離して、自由に呼吸できるように進化したのです。運動しながら必要な酸素を取り込むことができる呼吸法を、身に付けることができたのです。だから、有酸素運動ができるのです。これが後に、言葉を喋れるようにと進化したのです。そして、呼吸でも上がった体温を放出できます。このことで、人間は類まれな長距離ランナーになれたのです。四足動物の場合は、運動中はほとんど呼吸ができず、運動後に浅速呼吸（喘ぐような呼吸）によって体温を下げるしかないのです。無酸素運動しかできないようなものです。だから、四足動物は、運動中は体温が上がりっぱなしになるので、短時間しか運動できません。

そして、直立することにより、直射日光から受ける照射面積を狭くすることができ、地表から

の放射熱から身を守れるようにもなりました。四足動物は、背中を太陽に向け、腹を地表に向けているので、両面から熱の影響をもろに受けることになります。これも、四足動物の体温が上がる原因です。

この人間と四足動物の、運動することによって上がった体温を調節できるかどうかが、狩猟の勝負の分かれ目になるのです。人類も生き残りの必要上で走れるようになったのですが、短距離走者ではなくあくまでも長距離走者なのです。四足動物は、チーターも速いし、縞馬だって相当速いのです。四足動物は、獲物を捕るためと、肉食獣に追いかけられた時にエサにならないために、速く走れるように進化したのです。それも一瞬で勝負がつく、ダッシュ力を身に付けたのです。

人類の短距離走者の代表であるボルトの全力疾走でさえ、カバと同じくらいのスピードしか出てないのです。ボルトとカバが同じくらいのスピードと聞くと、なんか情けなくなりますが、それが真実なのです。これは人類をバカにしたのではなく、四足動物はそれくらい速いということです。ボルトでカバくらいのスピードだと聞くと、いったい自分の走るスピードは、四足動物の誰に勝てるのだろうかと不安になります。四足動物は短距離走者として進化し、人類は長距離走者として進化してきたのです。だから、ダッシュでは、二足よりも四足の方がよりスピードが出せるのです。しかし、マラソン（42・195キロ）を走れば、人類に勝るものはいないでしょう。

この走る能力の違いを、狩猟で利用したのです。人類が、四足動物をエサにしようと追いかけました。一瞬なら、四足動物のダッシュで引き離されます。しかし、四足動物は、上がった体温を元に戻すため長い休息が必要になります。この四足動物が休んでいる間に人類は追いつき、また驚かせてダッシュさせます。その時に、歩いたり走ったりしながら四足動物を追い回すのです。そうしていると、四足動物の体温が完全回復せずに、だんだん熱中症状態になって動けなくなります。そこで人類は、四足動物を獲物としていただくのです。

気の長い猟ですが、こうすることにより動物の身体能力や思考法を学んでいったものと思われます。そして、人類は食料確保という生き残りの手段の中から、粘り強く諦めないことや前の猟を覚えておいて作戦を考えるなど、いろんな学びがあったと思われます。

チンパンジーは、四本の手で、樹上で枝をつかんで移動するのは軽業師のように得意です。しかし、二本の手を移動用の脚にすることができなかったようです。それは、骨格の問題ですが、後で述べます。チンパンジーは地上に降りると、短い時間なら二足歩行できますが、背中を丸めて腰と膝が曲ったままで左右に身体を揺らしながら歩くことしかできません。だから、歩くときに費やすエネルギー量は、人間の4倍くらいになり、非常にエネルギー効率が悪いのです。そこでチンパンジーは、四本の手で四つん這いになり、手の指を握り込んでナックルウォークと呼ばれる移動方法をとっています。チンパンジーは地上が苦手で、樹上のほうが居心地がいいという事です。

2 様々な先祖たちの歩き方

500万年前くらいに、様々な人類の祖先たちが、少しずつ違う歩き方をして暮らしていました。みんな同じ歩き方でなかったのが、面白いと思います。ホモ・サピエンスだけが生きていたのでなく、地球上のいたるところで初期ヒト族と呼ばれる人たちが生活していました。それらの人たちは、みんな二足歩行をしていたのですが、その歩き方はそれぞれ違っていたのです。それを解明するためには、それぞれの骨格から歩き方を推定するしかなかったのです。

ホモ・フローレンスは、短い脚と大きな足をしていたため、まるでカンジキを履いているようなものです。それで歩こうとすると、自分の足に躓かないように膝を高く上げ、脚が短いので狭い歩幅で歩いていたようです。とても走ることは、難しかったと思われます。体型や歩き方を想像してみてください。

ホモ・ルゾネンシスは、中足骨が現代の我々よりも可動域が広かったようです。だから、地面を蹴り出す力を生み出しにくくて、柔らかい上履きを履いているようにしか歩けなかっただろうと思われます。木に登るときには、その足の構造が役に立ったと思われます。だから、地上よりも樹上にいる時間の方が長かったのかもしれません。

ネアンデルタール人は、我々の先祖であるホモ・サピエンスと同じような足と脚でしたが、微妙な違いがありました。その違いによって、短距離走の全力疾走ができ、敏捷に左右に動けたようです。その代わり、長距離走は苦手だったようです。

ホモ・ナレディは、ホモ・サピエンスに近い歩き方をしていたのですが、偏平足だったから遠くまで歩く持久力がなかったようです。偏平足では、ちょっと歩くとすぐに疲れただろうと思われます。だから、彼らの日常生活での行動範囲も、狭かったものと思われます。

いろんな所に初期ヒト族と呼ばれる、異なった人たちがいたのは、進化の途中での骨格の違いがあったからでしょう。骨格が違うから、その骨格にあった異なった歩き方をしていたのでしょう。言い方を変えると、骨格により歩き方が決まってきたともいえると思います。すると、まだまだ発見されていない初期ヒト族の化石が出てくると、また違った歩き方をしていたのではないかと、楽しい推測ができます。

今解っているこれら初期ヒト族と呼ばれる人たちは、何処かで出会い、交雑していたことは疑いないことです。そして、こういう中で、我々の先祖となるホモ・サピエンスだけが生き残ったのです。そのホモ・サピエンスにも、ネアンデルタール人の遺伝子が混じっていることが解っています。そして、なぜホモ・サピエンスだけが生き残ったのかは、まだ解っていません。

しかし推測すると、直立二足歩行が出来るようになったので、言語を扱うようになり、道具を作れるようになり、脳が大きくなっていたという副産物を手に入れました。そして、集団で協力して群れを作ることにより、地球環境の変化にも適応し、子孫を残し、生き延びてきたのではないでしょうか。こういう歴史の延長線上に、我々は生きているという事を自覚しましょう。

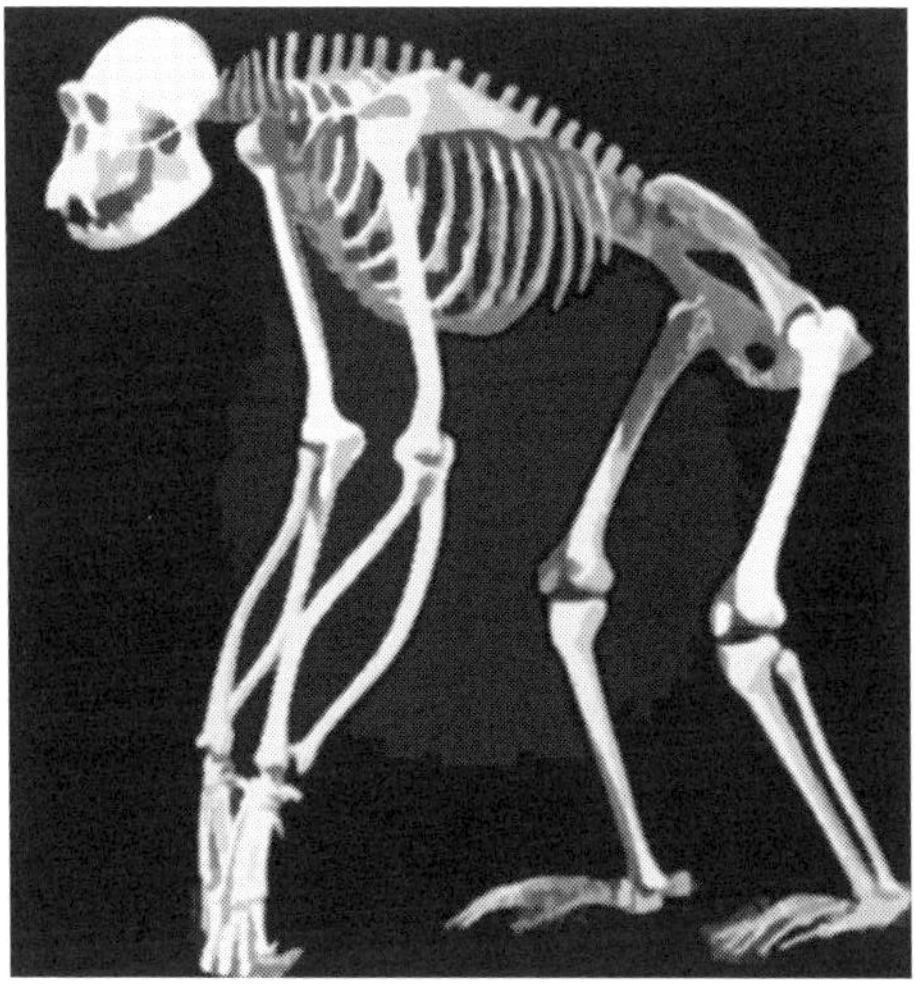

チンパンジーの骨格。骨盤が縦長で、大腿骨が横に伸びている。背骨は人間のようにS字でなくC字型。

3 骨格について考えよう

人間は直立二足歩行が出来るようになったが、チンパンジーは立ち上がることができなかった。その理由を考えていくと、どうやら骨格の違いにあるようです。人間とチンパンジーの大きな違いが、骨盤の形にあります。人間の骨盤は横広がりのおわん型で、大腿骨が真下に伸びるようになっています。そして、膝関節がまっすぐになるので、脚は真っすぐです。それに対し、チンパンジーの骨盤は縦長で、大腿骨が横に向いて伸びていって います。そして、膝関節が伸びないので、膝のまがった極端なO脚になっています。骨盤の形が違うので、骨盤への筋肉のつき方も違ってきて、チンパンジーは膝を曲げたO脚で左右にゆらゆらと歩くことが精一杯です。そして、長時間歩行は、とても無理です。

また、背骨の形状も違います。人間の背骨は横から見るとS字型ですが伸縮させることができます。だから、クッションの役目を果たし衝撃を和らげることができます。それに対し、チンパンジーの背骨を横から見るとC字型で前にかがんだままで、直立できません。これではチンパンジーにとって、直立二足歩行は進化の上から選べなかったのだと思います。

骨格の違いは納得してくれたと思います。それ以外に、人間が歩くことに適しているのは、足裏に土踏まずがあるということです。歩くというのは、常にどちらかの足が地面にあり、もう一方の足が空中にある動作です。付け加えておくと、走るというのは、両足が空中に浮いている局面があるという事です。歩きの場合、この足が地面にある時には、土踏まずのアーチがつぶれて足指が地面をつかむように曲がります。そして、足が空中にある時は、土踏まずのアーチが弓なりになり足指が上を向きます。このことによって、長い距離を歩いても疲れないように、合理的に足が動くようになっています。また、長いアキレス腱も、足首を動かしやすくし、長距離歩行の助けをしています。このように人間は骨格や身体の構造上、歩くのに適していたから直立二足歩行へと進化したと考えられます。

4 歩きは学習で身に付ける

赤ん坊は生まれて立つまでは、ゴロゴロと寝ています。しかし、何もしていないかというと、手足をよく動かしています。それは自分自身の身体の大きさを確かめたり、手足がどれくらい動くのかという可動域を確かめているのです。これが学習の始まりです。自分で自分に触れたり、親に触れられたりして、身体感覚を育ててもいるのです。この親に触ってもらうということが、赤ちゃんの成長にとって非常に大事なことです。これは、その後の身体を動かすということの基礎訓練のようなものです。そして、これらの動きが脳を刺激し発達させる始まりなのです。

脳は考えるためにあるのではないと聞くと、驚かれる人が多いと思います。しかし、幼児の時の脳の発達には、驚くべきものがあります。それは、脳の働きは人間の動きと密接な関係があるからです。脳からの命令で身体は動いているので、身体を動かすということは、脳を働かせるということになるのです。だから、幼児のころから、いろんな身体活動をするのが脳の発達にいいのです。

『脳を鍛えるには運動しかない』（ＮＨＫ出版）という本も出ているくらいです。この本では、運動することにより、学習能力が伸びたとかストレスに対応できるとか、運動の効果が脳に影響する例がいくつも載っています。その運動というものが、生まれた時からもう始まっているのです。

ボケ予防に手先を動かした方がいいとか、よく歩いた方がいいと言われるのもそのためですし。それなら、全身を動かすようなことがもっといいことになります。歳を取ってから、新しいスポーツに挑戦したり楽器演奏に挑戦したりというのもいい試みだと思います。脳を活性化させて、よく働くようにしようとするなら、身体を動かすしかないのです。

面白い話を紹介します。コアラは知っていると思いますが、ほとんど天敵のいないオーストラリアに住んでいます。この天敵がいないで安全ということにも、ある意味では問題があります。恐ろしいものがいないというのは、正常な成長を邪魔します。これは人間の子どもにも言えることで、安全な温室状態で育てると、将来いろんな弊害が出てきます。そして、コアラはユーカリの樹に住み、ユーカリの葉しか食べずに生きています。そのうえ、一日のほとんどを寝て暮らし、ほんのわずかしか動きまわりません。

単調な食生活と運動不足の生活をしているから、コアラの脳は、大きな頭蓋骨の中でどんどん委縮してコロコロと転がっているようなものです。脳を使う必要がないので、必要ないものは退化するということです。進化が与えた脳をコアラが持ち続けたいなら、ユーカリだけでなく何でも食べるようにして、もっと動き回る生活をしなければならないということです。コアラにとっては、脳の持ち腐れ状態になっているのです。しかし、コアラが食や運動を改善しないと、悲しい未来しか待っていないでしょう。また、人間もコアラ的な生活をしていると脳が委縮して、頭蓋骨の中でカランコロンと音を立てるようになるので要注意です。

もう一つ。ホヤという食べ物を知っているでしょうか。知らない人は魚屋さんで探して見てください。ホヤは生まれたばかりの小さい頃は、海の中をしきりに動き回っています。その目的は、生きていくためにエサの豊富な所を探しているのです。そして、エサの豊富な場所を見つけると、そこに居着きます。エサ場を確保すると安心して、まず自分の脳を食べてしまうらしいのです。ホヤの言い分では、もう動いてエサを探す必要がないのだから、脳なんかいらないから食べてしまえということです。動かないのだから、脳は必要ないという理論です。大変な理論ですが、こういう人も世の中にはいるので面白いものです。

脳と動きには、こういう繋がりがあるのです。だから、脳は、全身を使う多くの複雑な動きを体験すればするだけ、大きくなるように進化してきたのです。それを忘れて、運動不足になったら、大変なことになるので注意してください。また、食べ物も、単調にならないように。

赤ん坊は、生まれてから9カ月から16カ月の間で歩き始めます。この歩き初めに関して、早いとか遅いとかには知能の発達は全く関係ありません。早く歩き始めたから優秀という事ではないので、覚えておいてください。どうもこれを誤解する人が多いので注意です。いつ歩き始めるかだけでなく、どう歩き始めるかも、赤ちゃんそれぞれに個人差があります。日本では「這えば立て、立てば歩けの親心」という言葉があります。

だから、赤ちゃんには、歩く前には這う期間があると信じている人がいると思います。しかし、それは間違いです。世界中のいろんな文化圏の中では、一度もハイハイをしないで歩き始める赤ちゃんが大勢いるのです。驚きですが。発育発達を考えるうえで、そのことは知っておいた方がいいと思います。人間が二足歩行へたどり着く道は、一つと決まっているわけではないということです。だから、決めつけは危ないのです。人間とは、不思議な生き物です。

赤ちゃんが立ち上がると、視界が広がり新しい世界が見えるようになります。これで好奇心が刺激され、新たな学びの機会を得たことになるのです。人間が高い所へ上りたがるのは、赤ちゃ

んの時のこの体験があるからかもしれない。そうして、いろんなことを吸収します。

また、歩き始めると、より速くより遠くへと移動できるようになります。行動範囲が、広がるということです。これが幼児にとっては、非常に面白いのです。幼児は好奇心を自分でも刺激し、周りの環境からも刺激されて、感じたり、学んだり、体験したりして脳が発達していくのです。この時期の脳の発達には、驚くほどのものがあります。

そして、歩くという動作を学習して身に付けていきます。人間の動きは、遺伝子によって組み見込まれている、生得的なものだけではないのです。そればかりか、遺伝子による生得的な動きは全体の2～4割で、残りの6～8割は学習して身に付けるものなのです。赤ちゃんがおっぱいを吸うとか、モノを握るとかは、遺伝子に組み込まれた生得的なものです。しかし、こういう動きは、ごくわずかです。これも他の生き物たちと、非常に違うところです。生まれて何時間かで、立ち上がって歩き始める生き物は、決して少なくないことでもわかります。

そうすると、われわれ人間は、生まれてから何も学習せずに、動きを身に付けることがなければ、ただのでくの坊で終わってしまう可能性もあるということです。人間は、学習しなければ生き残れないように進化してきたのです。だから、「学習することが嫌いだ」などと言っていられないのです。気をつけなければ。

大人になった我々は、いろんな動作が出来るようになっていることを、当たり前のように思っています。しかし、ほとんどの動きは、学習して身に付けたものなのです。多くの動きを、意識的か無意識で学習して身に付けてきたのです。動きの学習により、脳が刺激されて発達してきたのです。逆に言うと、生まれた時から、学習しないと何もできないで終わりますよと、脅かされているようなものです。そして、学習して身に付けるから、上手い下手とレベルが違ってくることも多いのです。ここで、学習の仕方が大事になってくるのです。身体を動かすのに器用とか不器用というのは、この身体を動かす学習の仕方の違いによるものです。自分で不器用だと思っている人は、情報を集めてもう一度学び直せばいいのです。姿勢や動きは、クセですから直すことができます。

人間は粘り強さも同時に持って生まれてきます。小学校に上がるか上がらないかくらいで、自転車乗りに挑戦します。思い出してください、何度転んで痛い目にあっても、自転車を起こして乗れるようになろうとしていた、この粘り強さはみんな持っていたはずです。この自転車に乗るという難しい運動を、試行錯誤しながら解決したのは他ならぬ自分なのです。小さかった自分を誇らしく思うはずです。この時も、脳は非常な発達をしています。あのころの粘り強い自分は、いったいどこに行ったのだろうと、途方に暮れている人も多いと思います。しかし、みんな昔は素晴らしい子どもだったのです。

それは、スイミング・スクールに通わないで、自分で泳ぎを覚えた人も同じことです。何度も溺れそうになりながら水を飲み、恐ろしい、苦しい思いをしながら泳げるようになった時の喜びは、何物にも代えがたいものだったはずです。自分で大変なことをやり遂げたのだと、一人でニヤケていたはずです。その時も、脳は大いに発達しています。こういう自分自身でやり遂げたという体験が、人間に自信を持たせるのです。教えてもらったんじゃダメです、自分でやり遂げな

いと。まだ自転車に乗れないとか、泳げないという人は、決して遅くないですから挑戦してみてください。新しい自分を、発見できると思います。

こういう動きに挑戦するときに、脳の特性を利用するのも一つの手です。この自転車に乗れるようになりたいや、泳げるようになりたいは、子どもの頃の純粋な自分で「出来るようになりたい」というのが動機です。これは、非常にいいことで、自分でこうなりたいということには脳は協力的です。しかし、気をつけなければならないのは、「やらなきゃならない」「しなきゃならない」という強制的であり、強迫観念を含んでいます。こういう動機だと、脳は停止してしまいます。大人がやらせたらダメで、子どもの自主性が一番大事なのです。

脳に気持ちよく働いてもらうためには、自分からやりたい、こうなりたいという前向きな気持ちがないと、期待している効果は得られません。とにかく自分からこの動きを身に付けたいという気持ちで取り組まないと、動きは身に付きにくいということです。人に勧められたことでも、自分の中で一回消化して、自分から身に付けたいんだという気持ちにすることが大事です。この自分で消化して「自分から」という気持ちに変えることは、いろんなところで使えます。人にやらされたり、嫌々取り組むくらいなら、時間とエネルギーの無駄だから止めた方がいいと思います。

そして、動きに挑戦するときに、この動きは「難しい」「無理」「出来ない」と頭の中でつぶやいたり、口に出したりするのは禁句です。こういう言葉を考えたり、言ってしまうと、脳はもう努力しなくてもいいんだと、スイッチを切ってしまいます。それでは困るので、言い方を変えるのです。この動きを身に付けるのには「時間がかかる」にすれば、脳は努力を続けます。脳の取り扱いは、なかなか難しいのです。

言葉一つで、脳のスイッチがオンになったりオフになったりします。脳は非常に賢いようですが、現実と空想との区別がつかなかったりと、面白い特性をしているのですから。この現実と空想の区別がつかない特性を利用したのが、イメージ・トレーニングで非常に効果があります。

こう動きたいという動きを、頭の中でイメージすると実際に動くときと同じ神経が反応するのです。だから実際に動いてばかりではなく、こう動きたいという理想の動きを頭の中に描くことが立派な学習になっているのです。イメージするのだから、一番いい理想の動きをイメージすればいいのです。頭の中で動きの映像を創り出し、動かすということです。

そして、脳にとっては、言葉一つが大事になるのです。それを利用しての、メンタル・コントロールもあるくらいです。だから、頭の中でのつぶやきや口癖というのも振り返ってみてください。それが脳への指令になり、行動が変わります。

動きを身に付けている時に、「だいたい出来た」「ほぼ出来た」も禁句です。脳は、「だいたい」とか「ほぼ」というのは認識できません。脳には、曖昧な表現など通用しないのです。曖昧に生きている人は、注意してください。脳が解るのは「出来た」ということで、これで終了とスイッチを切ってしまいます。それくらい脳は、単純明快なのです。

これが上達を阻んでいる原因なのです。みんな動きの上達途中の中途半端な所で、「出来た」「解った」と脳に思わせてスイッチを切って終わっているのです。これは、もったいないことです。もっともっと上達できるのに、「だいたい」「ほぼ」で、出来た「つもり」で終わっているのです。

ナンバの心構えとしては、「出来た」「解った」という終着駅はないと心がけておくべきです。「出来た」「解った」は、単なる思い上がりです。いつでも謙虚に、もっと上を目指すべきです。何事も中途半端で終わらせやすい人は、「だいたい出来た」「ほぼ解った」「もうすぐ終わり」を多用していないか、振り返ってみてください。

赤ちゃんは、人間によって育てられていれば、周りの人間が歩いているのを見て、二足歩行を学習します。しかし、これが四足の狼に育てられれば、四足歩行を見て学習することになります。そうすると、周りに合わせて四足で歩くようになります。人間は、直立でき二足で歩けるような骨格を持って生まれてきます。しかし、学習しないと、直立することも歩くこともできません。

学習というと、頭を使って考えてと飛躍してはいけません。まず、見て真似しようというのが、学習の始まりです。そして、必ず試行錯誤が付いて回ります。赤ちゃんが見て学習するということは、周りにいる人間すべてがお手本になるわけです。だから、最初の動きは、周りの人間の歩き方に似てきます。公園などで、小さな子どもを連れた親子を見ていると、親子の歩き方が似ていることに気づきます。だから、周りの人間は、歩き方の素晴らしい人で固めたいものです。自分で自覚なくても、親は子供のお手本になっているのだから、もっと責任を持たなければいけません。

そして、歩き始めた幼児は、歩いては転び、歩いては転びを繰り返します。まだうまくバランスを取って歩けないので、少し腰と膝を曲げ、身体を捻じらないようにして歩くことを学んでいきます。これがナンバ歩きの発現です。何回も転ぶことによって、動きのなかでバランスを取ることを学びます。皆さんも、何度転んでも挫けなかった強い意志の赤ちゃんだったのです。平均的な幼児は、一日に14000歩、約5キロ近く歩くということです。これはあくまでも平均ですから、個人差は大きいはずです。そして、一時間に17回くらい転びながら、歩行能力は向上していくし、骨格も出来上がっていくということです。子どもは転ばせないと、伸びて行かないのです。子どもが転ぶ前に、手を差し伸べるのは余計なおせっかいだと思ってください。

何回転んでも、諦めて止めるなどということはしません。歩けるようになることが、面白いと解り始めているからです。それにしても、驚異的な粘り強さをみんな持っていたのです。そして、行動範囲が広がり、自分が行きたいところへ、自分の意志で行けるようになるから、面白いに決まっています。自由を獲得したようなものです。

公園などへ連れて行くと、滑り台を登っては滑り、登っては滑りと、自分の意志で際限なく繰り返します。幼児は、飽きるということを知らないのかと疑うほどです。これは動くこと自体が楽しいのと、動きをもっとうまくなりたいという向上心だと思います。飽くことなく、何度でも繰り返して動きを学んでいるのです。それが、大人になると、すぐに諦めてしまうし、飽きて嫌になってしまうのです。あの向上心は何処へ行ったのだと探してはみるのだけれど、なかなか見つかりません。

そして、歩きを自由に学んでいた幼児が、学校に行きだすと余計な教育が入ってくるのです。今まで歩き方など考えたことのない先生が、現代ウォーキングへと強制的に導きいれるのです。今まで行進を指導してきたから、胸を張って腕を前後に元気よく振り、大股で歩くようにと指導しています。

動きや歩き方を考えたこともないのに、今までやってきたからという理由にならない理由で、ロボット歩きを押し付けます。純真な子供たちは、それに従い現代ウォーキングへと歩き方を変えられてしまうのです。自分で学ぶということを止められて、指導という名の教えに従わされるのです。学校というところは、生徒に自分で考えさせないで、先生の考えを押し付けるところになってしまっています。これは非常に危険なことです。

学校で歩き方など、強制的に型にはめるべきではないのです。そうすれば、もうそこから何の工夫もしなくなります。もっと自由に、もっとおおらかに、もっと伸び伸びと、生徒たちがどんな歩き方が、自分に合っているのだろうと試行錯誤させなければならないと思います。脚はどう動かせばいい、上半身はどう動かせばいいかと、いろんな動きで歩いてみることです。こういう体験だけが、将来社会に出て役に立つと思います。

これはダメ、あれはダメの禁止事項はなくすことです。どうすれば歩けるか、どうすれば歩けないか試すことです。自分の身体を使って、遊び感覚で楽しむのです。そうすれば、ナンバ歩きは右手に右脚を同時に出してなどと、バカなことは言わなくなるでしょう。それを期待しています。

人間は、まず身体なのです。身体の状態や調子で、考え方や感じ方が変わってきます。だから、いつも身体を整えておかなければならないのです。身体についてもっと考え、もっと大事に扱わなければならないと思います。そして、身体についての知識も必要になります。身体が、脳や心に影響を与えるということです。だったら、先生は生徒に、身体のこと姿勢や動きのことにもっと注目させなければならないと思います。先生は導いてやるだけで、生徒たちは勝手に活動をはじめ答えを探し始めると思います。

まして、歩くということは、人間が一生にわたってお世話になる動きです。生涯体育とか生涯スポーツなどと大声で叫んでいますが、一生にわたって一番関わっていくのは「歩き」だと思います。その歩きを教材として、生徒たちに考えさせない手はないはずです。そして、歩くことによって、身体や心とどう対話をするかということを体験させて、歩きを通して身体や心に関心を持たせることもできます。

また、歩きながら、友達との対話をするようにします。これでコミュニケーション能力も高まります。周りの自然と対話することも大事です。そうすれば、自然に対してもっと興味を持つようになるでしょう。教材としての歩きは、様々な展開と広がりを持っていると思います。指導する立場にある人は、ぜひ「歩き」に挑戦してもらいたいものです。歩きの精度を上げるのに、限界はないと思っています。

最近、歳をとると筋トレをやらないと、躓いたり転んだりして大変ですよとよく言われています。本当に筋肉の衰えで、躓いたり転んだりしているのでしょうか。私は、このことを疑っています。私の知り合いのお母さんが、80何歳かでナンバ歩きを試みていました。そして、亡くなる5日前まで、身体は骨と皮のようになりながらナンバで歩いていたそうです。筋力不足で、躓いたり転んだりではないと思います。

身体の表面の皮膚感覚で、わずかな違いを感じ取って対応しています。その皮膚感覚も加齢によって、衰えてくるのです。20歳を100％とすると80歳になると、指先の感覚は40％くらいに低下し、足裏とつま先は25％くらいに低下するという報告があります。これは驚きです。この足裏とつま先の感覚の低下が、立ったり歩いたりするときの、躓いたり転んだりの原因ではないかと思います。加齢により、足裏やつま先でバランスを取るのが難しくなってきているのです。なぜこの事が注目されないのか、不思議でなりません。

自分自身の身体全体から見ると、足裏やつま先などごく小さいものです。そこの感覚でバランスを取っていたのに、その感覚が衰えるとバランスを取り難くなるはずです。最近の身の回りを思い出してください、整地された路面ばかりを歩いていませんか、裸足で歩いたのはどんな所ですか、足指を意識して動かしたことはありますか。こういうことで、足裏やつま先の感覚が鈍くなっているのです。

だから、足裏やつま先を刺激して、その衰えを遅らすようにすればいいのです。手の指を動かすことは気が付きますが、足指も同じようによく動かすようにします。椅子に座っている時、風呂に入った時に、意識的に足指を動かすようにしましょう。そして、足裏を刺激するためには、安全を確認して裸足になり、いろんな路面を歩くことです。土の上もあるかもしれません、芝生の上もありかもしれません、砂浜の上も、とにかく自然と触れ合うように裸足で歩くのです。

手仕事をするとボケないなどと言われていましたが、足刺激をすると躓いたり転んだりしないというのも、面白いと思います。

第4章
ナンバ歩き

1 ナンバ歩きに挑戦

ここまで、ナンバ歩きに結びつけるために書いてきました。いよいよナンバ歩きに挑戦して、ナンバ歩きを身に付けましょう。

動きは、自分で実際に動いてもらって、実感しないと納得してもらえません。だから、授業や講習会では、実際に身体を動かしてもらい、身体と対話をして受け入れてもらうようにしてきました。だから、講習会形式で説明していきます。

どの講習会でも、最初はナンバ式骨体操で始めます。身体と対話をしながら、身体のバランスを整えます。ナンバ式骨体操で、身体に注目を集めておいた方が、ナンバ歩きへともっていきやすいからです。

まず、立ってもらって、身体の前で盆踊りの腕の動きをやってもらいます。腕を前後に伸ばす、曲げると動かしてもらいます。その時に、腕の自然から行くと、腕を前に伸ばすときに掌は前を向くように、そして腕を自分の方に曲げるときには掌は自分に向けるように、掌を入れ替えなが

盆踊りの手

両手を交互に曲げ伸ばし。前に伸ばすときは掌が前を向くように、曲げるときは掌が自分を向くように入れ替えながら行う。

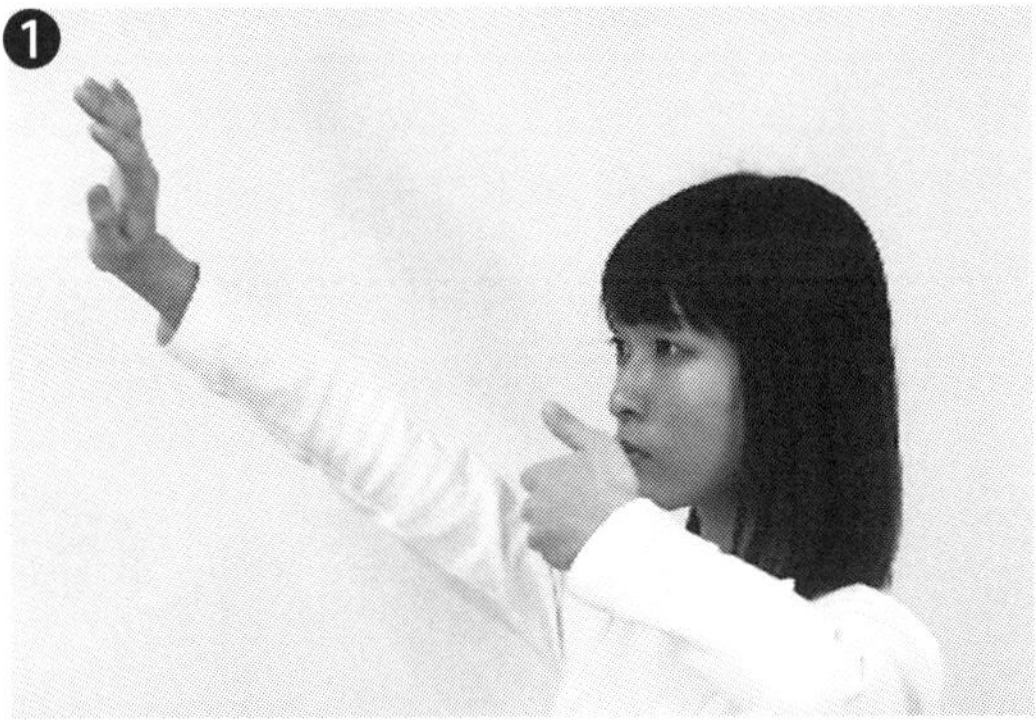

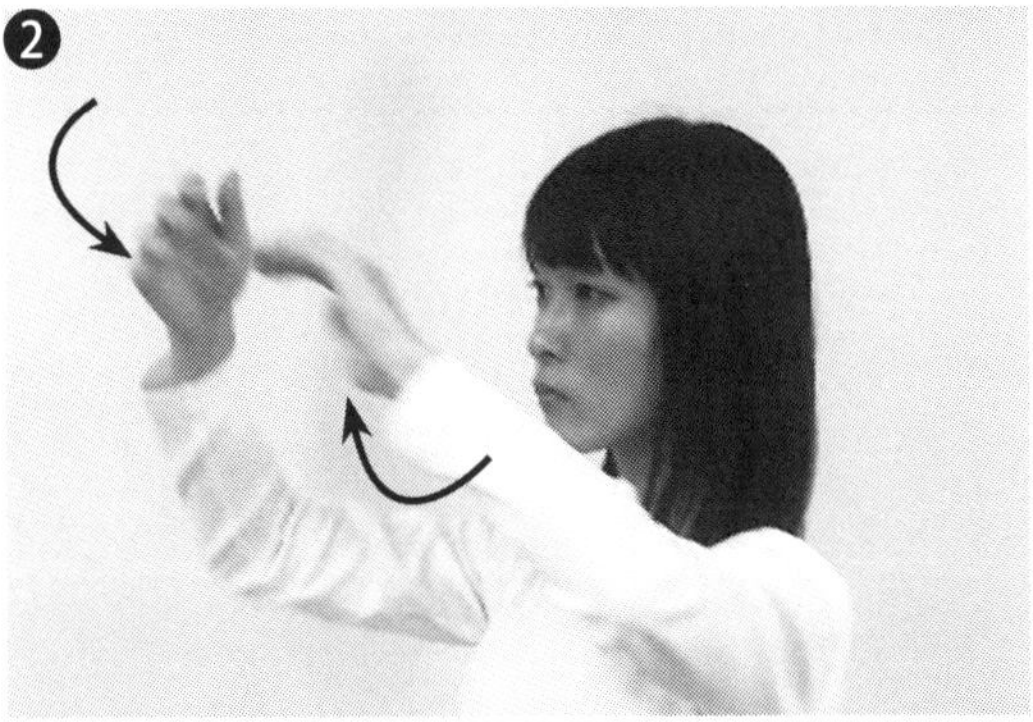

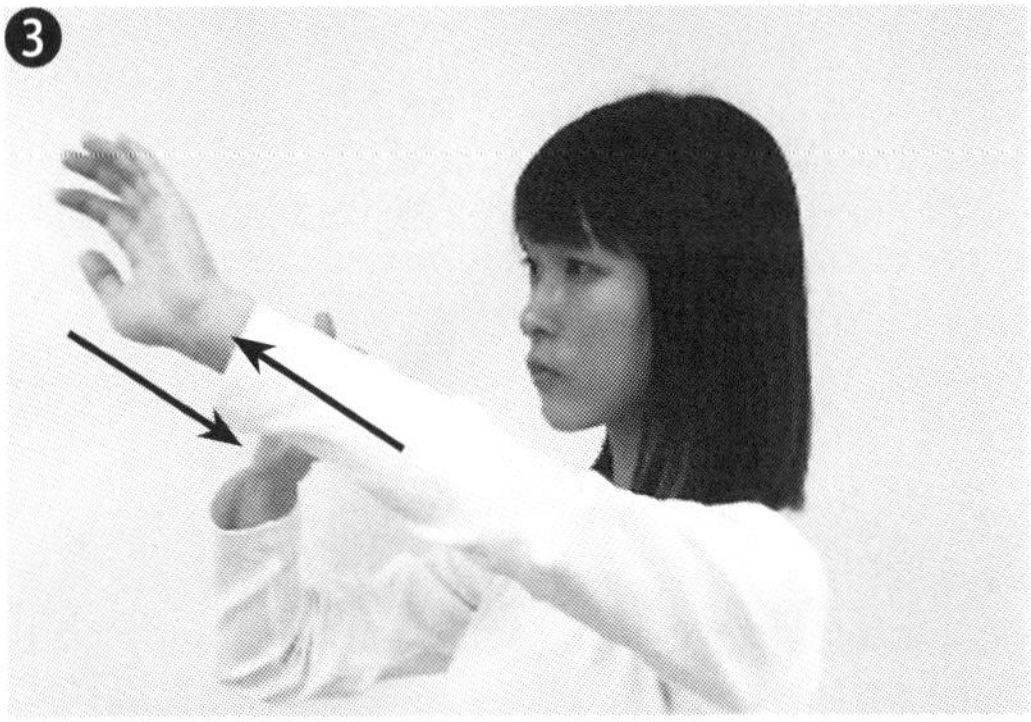

〝盆踊りの手〟を身体の前で上下

〝盆踊りの手〟を身体の前で上下させる。腕を下に伸ばすときには掌を下に向け、腕を曲げて引き上げるときには掌を上に向けるようにする。

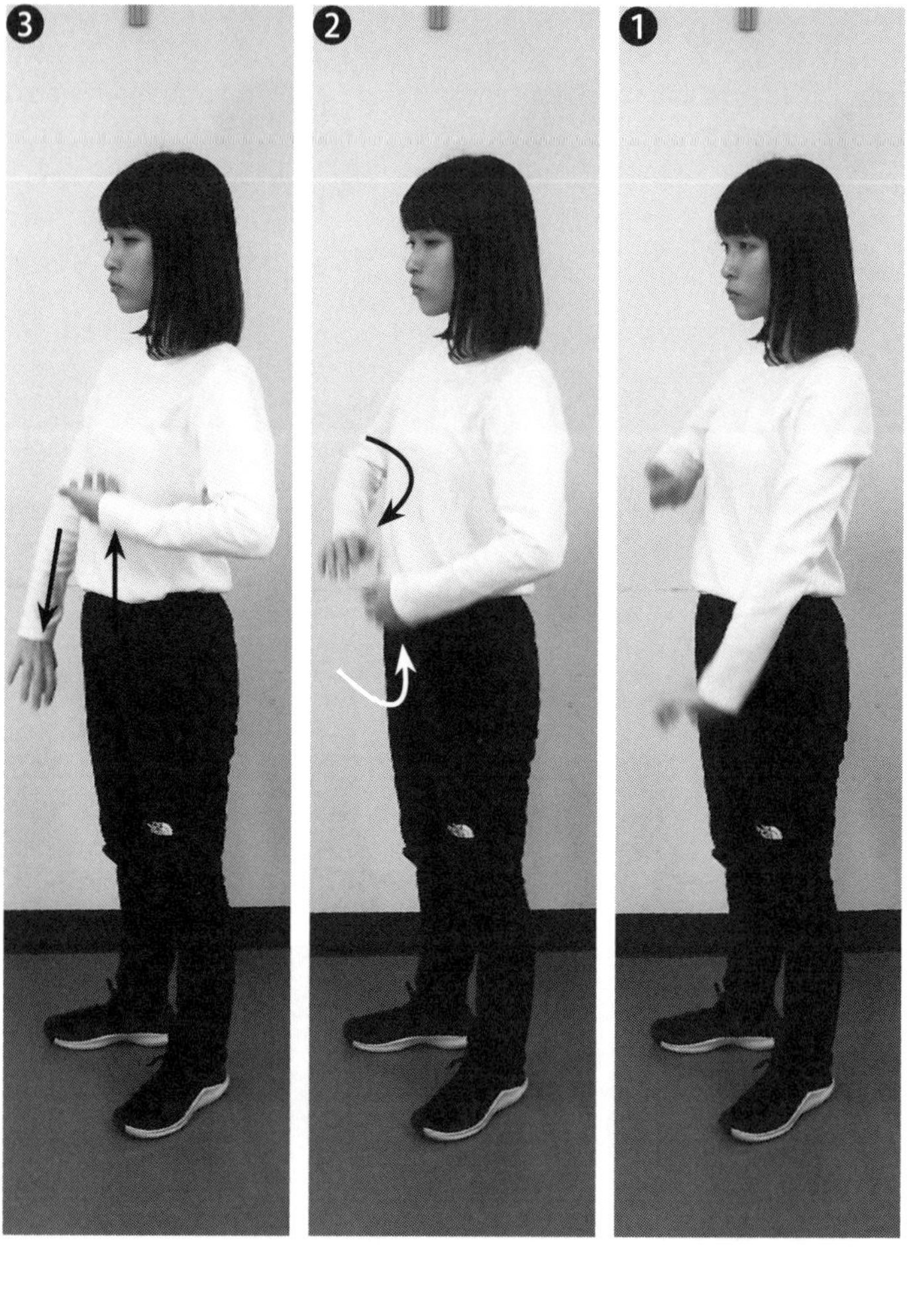

ら行います。これで、腕の動きが出来たら、この腕の動きのまま、身体の前で上下に動かします。腕を下に伸ばすときには掌を下に向けて、腕を曲げて引き上げるときには掌を上に向けるようにします。文章で書くと難しそうですが、写真を見れば簡単な動きです。

この腕を上下にリズムよく動かします。その動きに、何も考えずにその場駆け足のつもりで脚を動かします。そうすると、腕と脚が連動して上下に動くことを感じ取れます。腕と脚が連動しているということは、胸郭と骨盤が連動していることです。右の骨盤が上がる時には右の胸郭も上がっています。その時、左の胸郭と骨盤は下がっています。正面から見ると、四角形の左右が上がったり下がったりして、平行四辺形が形を変えている感じです。こう頭の中でイメージしながら行うと、動きが滑らかになります。その場駆け足を続けながら、自分で感じる身体の重さを覚えておいてください。

そして、その場駆け足を続けながら、腕を普段走る時のように前後に振ってください。そうすると、とたんに身体を重く感じるようになると思います。この違いは何だろうと、疑問を感じます。これは、腕を前後に振ることによって、骨盤と胸郭が捻じれた状態で無理がかかっているので、重く感じるのだと思います。骨盤と胸郭が連動していれば、無理のない動きだから軽く感じるのでしょう。

腕の上下とともに〝その場駆け足〟

腕の上下とともに〝その場駆け足〟。右手を上げるときには右足を上げ、左手を上げるときには左足を上げる。これによって右の胸郭が上がるときには右の骨盤も上がる、という連動をし、〝平行四辺形〟の身体使いになっている。、

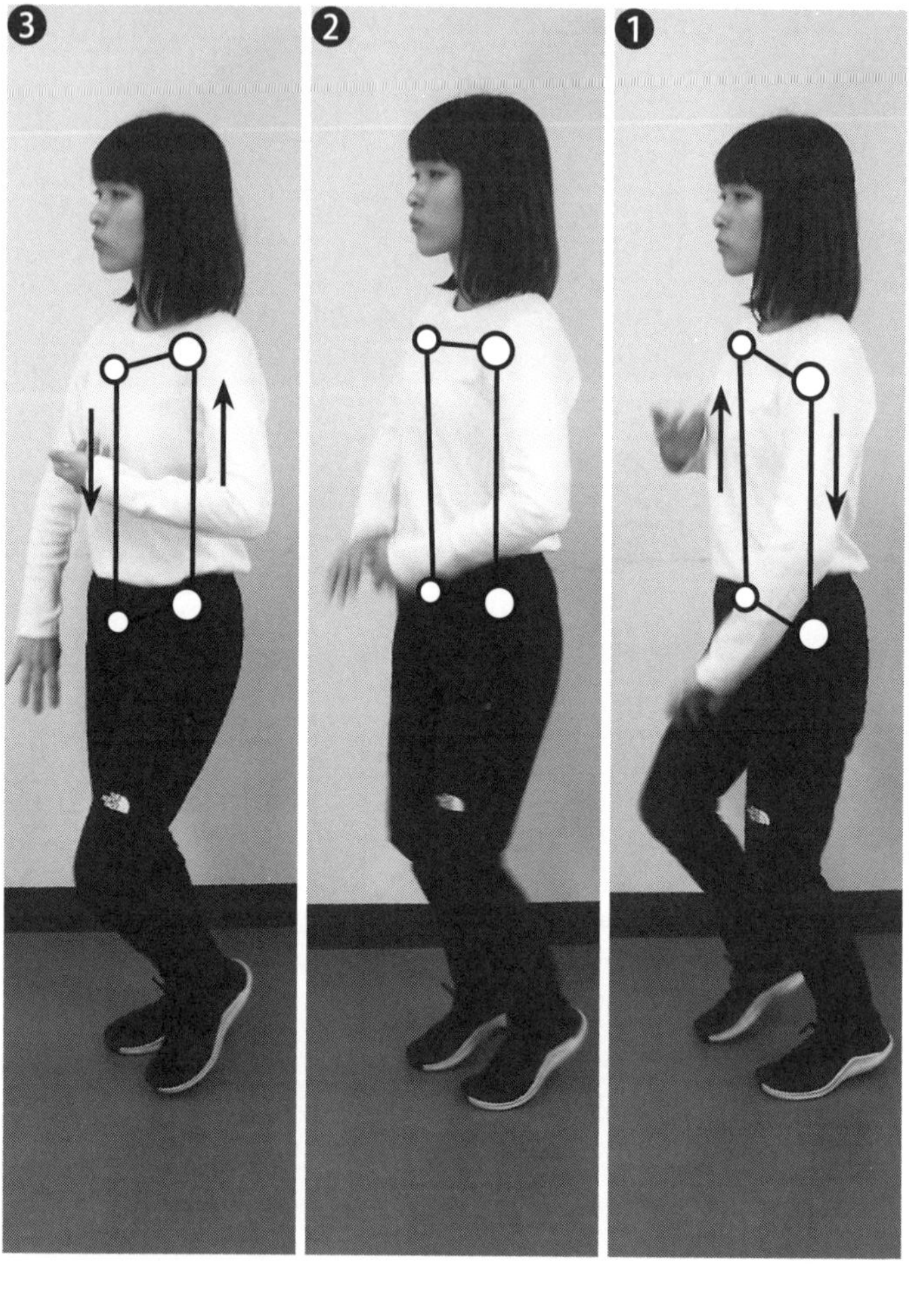

腕をいつもの“前後振り”にすると…

その場駆け足を続けながら、腕を普段走るときのように前後に振ると、とたんに身体が重くなったように感じる。いつもこれだったはずなのに……

次に、仰向けになって横になってもらいます。そして、無駄な力を抜くために、腕と脚を少し開きます。踵を床に固定して、足首を前後に動かします。すると、足首を左右同時に曲げていくと胸側が上がり、左右同時に足首を伸ばしていくと胸側が下がってきます。足首を動かしただけで、全身が連動して動くことを感じます。

歩いたり走ったりするときは、足首を交互に曲げたり伸ばしたりという動きになります。こういうふうに足首を動かすと、身体の右半身と左半身が交互に上下に動きます。右半身と左半身の骨盤と胸郭が連動して、上下に動いているということです。この事を感じてもらった方が、動きの理解が早いと思います。

仰向けで足首を交互に曲げ伸ばし

仰向けに寝て、腕と脚を少し開いて力を抜く。

踵を床に固定させて足首を交互に前後に動かすと、その動きが上半身にも伝わり、右半身と左半身が交互に上下に動く。歩いたり走ったりすることによって起こる連動がまさにこれ。しかし、腕を前後に振ると、この連動が起きにくくなる。

❶
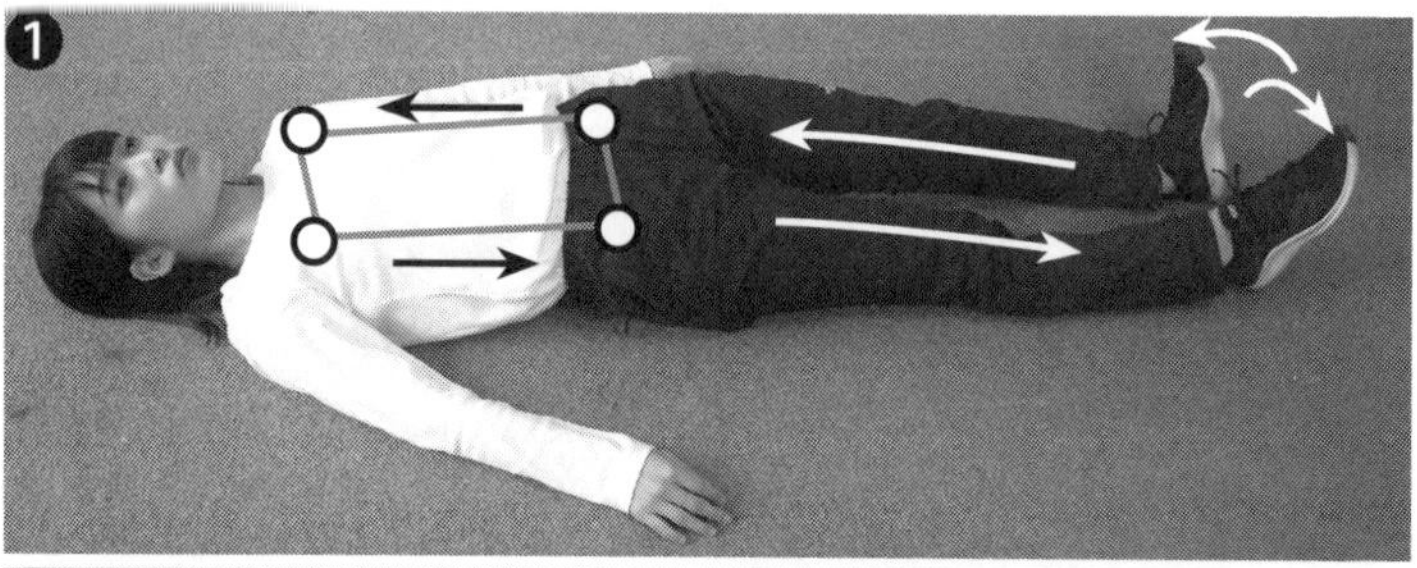

❷
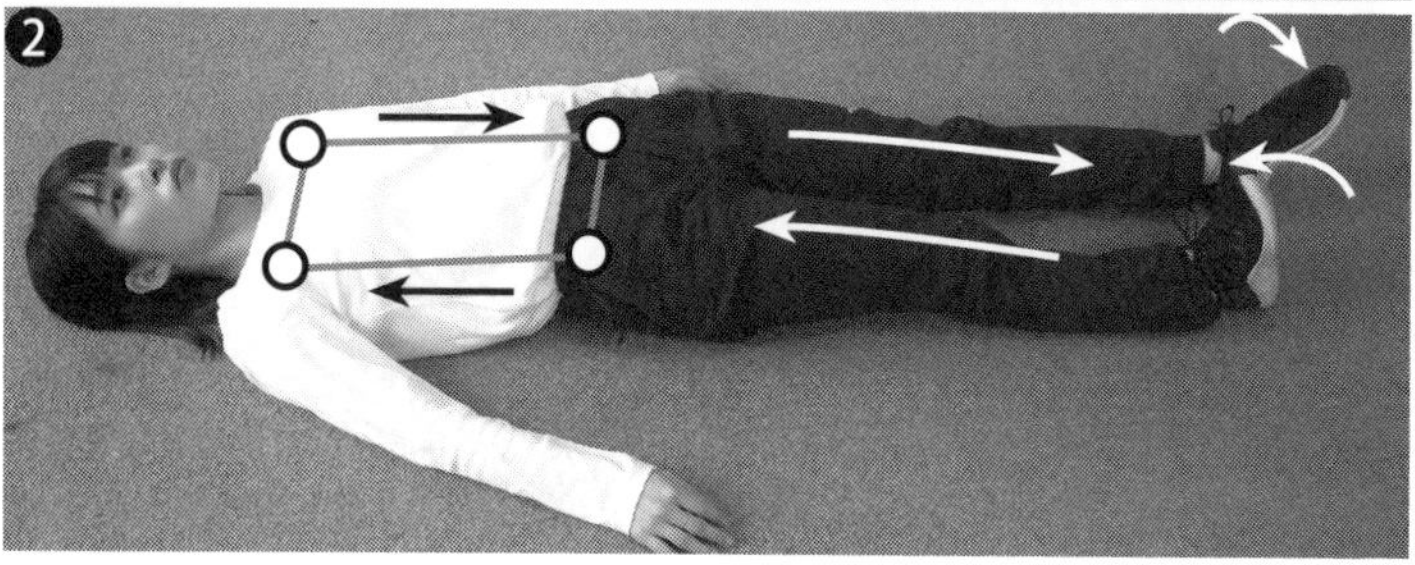

歩いたり走ったりするときの足首の動きが、右半身と左半身の上下への連動を起こしているのです。だから、腕も前後に振るのではなく、上下に振った方が胸郭を骨盤と連動させやすいのです。これが、身体の自然に沿って、身体を連動させるということです。こういうふうに順番に納得していってもらわないと、話が進んでいきません。講習会の時には、受講生が疑問に感じればすぐに質問できますが、文章ではそれができないのが難しいのです。

2 平地でのナンバ歩き

そして、歩きに移っていきます。直立して立ってもらって、前に少し重心を崩してもらいます。そうすると、何も意識しなくても脚が前に出ます。重心を前に崩せば、倒れないために脚が自然に出るのです。これが静止した状態から、動き出すということです。まず、重心の崩しがあって、転ばないように脚が出るのです。重心を崩す・脚が前に出る、このことの繰り返しが、歩くということです。静止して立っている状態から、脚を動かして動き始めるのは、これは歩きとは言わないで移動と言います。移動するのは脚だけを使っているので、全身が運動に参加していません。ロボットの歩きの違和感は、重心の崩しとか全身の連動を無視しているからだろうと思います。

重心を崩して歩き出す

直立して立った状態から（写真1）、前に少し重心を崩す（写真2）。倒れないために自然に脚が前に出て歩き出す（写真3～4）。脚だけを前に運ぼうとする動きとは違って、全身が動きに参加する。

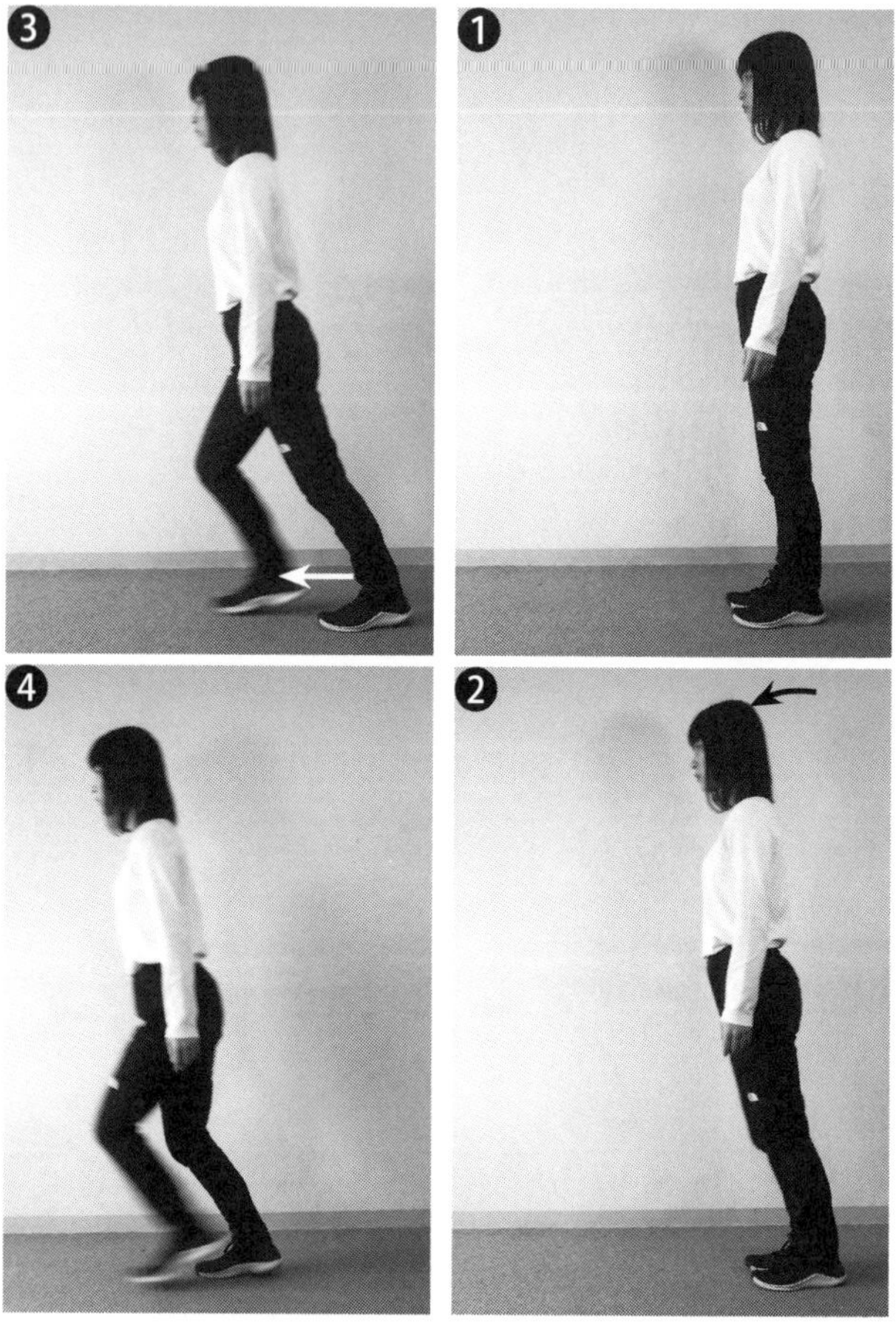

だから、ロボットは歩いているのではなく、ただ移動しているだけです。ロボットが移動しても、何の面白みも感じません。

やはり、重心を崩し・脚が前に出るようにしないと、全身で動いているとは言えないのです。これは、いつも頭の中に置いておくことです。重心を前に崩し・脚が前に出るときに腰が少し下がります。右脚が前に出るときには、骨盤の右側が下がるということです。そうすると、胸郭も右側を下げないと連動しません。前に出した方の脚側の骨盤と胸郭が下がるということです。左右交互に脚が出るので、左右の骨盤と胸郭が連動しての交互の上下運動になります。

骨盤は脚を前に出せば、自然に下がるので問題ないです。この骨盤の下がりに胸郭を連動させるために、最初は腕を利用します。右脚を前に出すなら、最初にやった盆踊りの腕の上下版で右手を下に伸ばしながら掌を下に向けます。その時、左腕は曲げながら掌を上に向けます。そして、ここから一歩ごとに左右を入れ替えていきます。身体は、少し前傾させて、重心を前に崩すということを忘れないでください。

最初のうちは、胸郭を動かすために腕の曲げ伸ばしを利用します。最初のころは、ちょっと恥ずかしくても、大げさな動作で行います。しかし、胸郭を動かすことに慣れてきたら、腕の動きを使わなくても（腕は動かさなくても）胸郭だけを動かして、骨盤の動きに連動させるようにし

最初は腕を使って、だんだん胸郭だけで

最初は腕を大きく使って、脚の動きに伴う骨盤の左右が上下する動きに、胸郭を連動させる（写真１～２）。胸郭を動かすことに慣れてきたら、腕の動きをだんだん小さくしながら、胸郭は動かし続ける（写真３～６）。やがて、腕を動かさずともナンバで歩けるようになる。

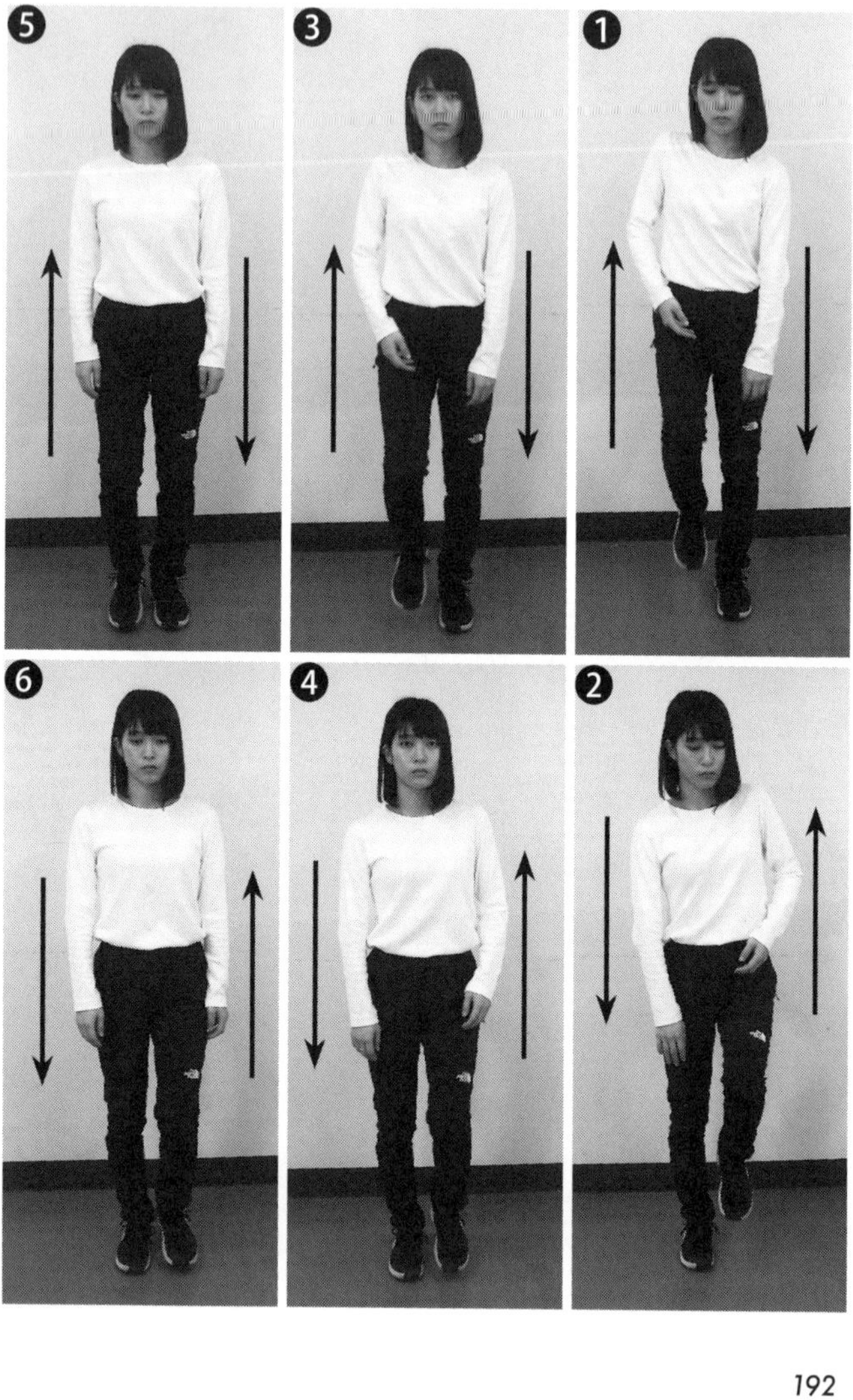

自然なナンバ歩き

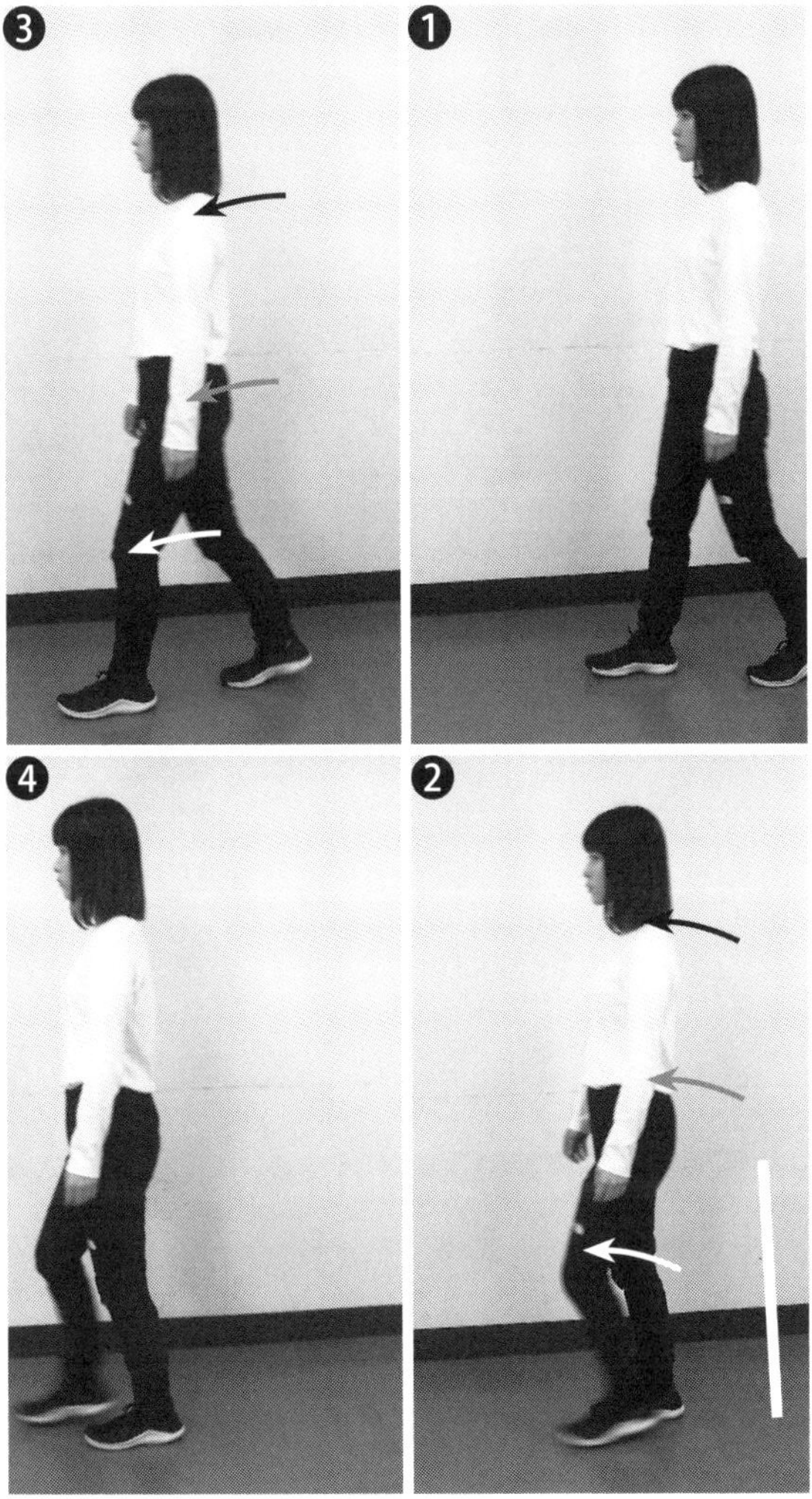

脚を前に出す際、出す足の側の骨盤が上がる動きに連動させて胸郭の同じ側を上げる。その動きがきちんと起こるように、最初は腕を大きく上下に使う。

腕を使わずとも胸郭が動くようになってきたら、あまり大きく腕を振らないでナンバ歩きをしてみる。

ます。そういうナンバ歩きで歩いても、ほとんど誰も気づかなくなります。

次に脚運びですが、前に出した足は置くだけで、蹴る意識を消していきましょう。蹴る意識があると、鼻緒が切れる原因になります。そして、フクラハギがすぐに疲れてしまう原因にもなります。

前に出した足を前に置くだけというのは、置いた足の足首を意識して動かさないということです。足首をなるべく動かさないようにすれば、蹴る意識は消えていきます。足首からの意識を遠ざけるためにも、脚は股関節を動かして前に出すようにします。なるべく身体の中心部から動かす意識の方が、動きは滑らかになります。

3 上り下りするナンバ歩き

平地でのナンバ歩きから説明しましたが、階段（坂道）があれば、階段を使った方がナンバ歩きの楽さをすぐに体感してもらえます。まず普段の、自分の階段上りでやってもらいます。それを見て、なぜ階段上りがきついのか説明します。階段の前にかけた脚一本で、全身を引き上げようとしているからきついのです。片脚スクワットを連続でやっているようなもので、全身を使っていないのです。

上り下りのナンバ歩き

下り

右膝を少し前に抜き、それによって自然に前に出てくる左脚を膝を少し曲げた状態で柔らかく着地させる。抜いて、次の脚が前に出て～を繰り返していく。

❶

❷

上り

後ろ脚（右脚）を上げる際、胸郭と骨盤を連動させて右半身全部で右脚を引き上げるようにする。

❶

❷

全身を使って階段上りをするためには、前にかけた脚は無視して、後ろの脚を胸郭と骨盤を使って次の段に引き上げるのです。左脚が前の段で、右脚が後ろなら、胸郭と骨盤を連動させて右半身全部で右脚を次の段に引き上げるようにします。こうすれば、驚くほど軽く階段を登れることを体感します。この時に、最初の盆踊りの手を利用して、引き上げる方の腕を曲げながら掌を上に向けます。反対側の腕は伸ばして、手の平を下に向けます。最初は、大げさなくらい半身を使って引き上げますが、慣れてくるとちょっと動かすだけで軽く登れるようになります。

このナンバ歩きで、階段を上ってもらうと、ほぼ全員が楽に上れることを体感します。坂道でも同様に、すぐに楽さを感じてもらえます。だから、ナンバ歩きの入門は、階段上りからの方が一番いいかと思います。

階段下りに関しては、膝を少し前に抜けば、次の脚が前に出ます。前に出た脚で着地した時に、脚を伸ばすと衝撃が強いので、すこし曲げて着地するようにします。そして、また膝を少し前に抜けば次の脚が前にでる、の繰り返しです。最初に立って静止している状態から、身体を前に倒して重心を崩すことを説明しました。競技など、速い動き出しが求められるときには、全身を前に倒すのではなく、膝を動きたい方向に抜けば、それで重心は崩れます。この膝抜きを、階段下りに応用したのです。

ナンバ走り

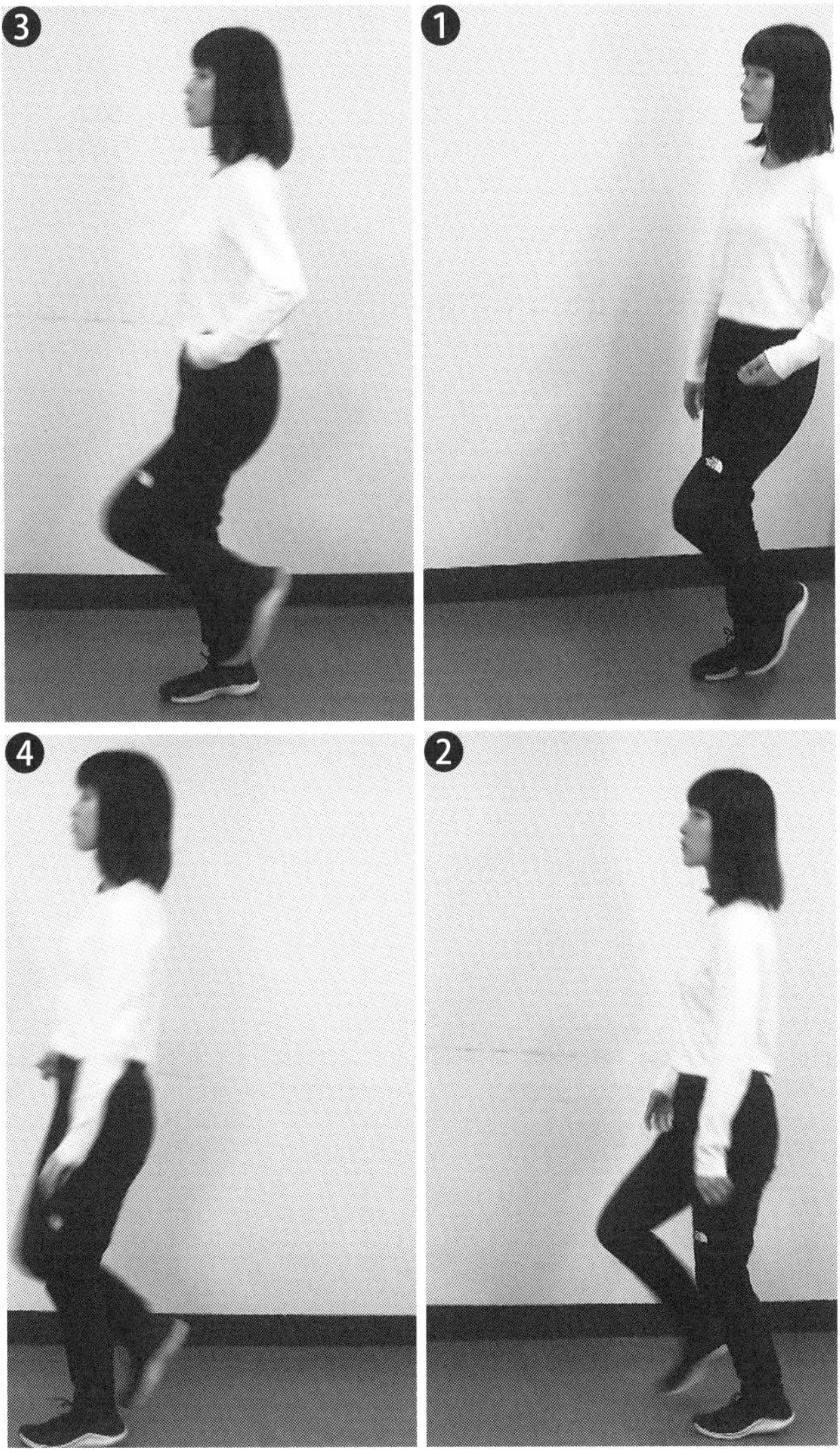

身体の前で上下させていた腕は、身体の横で上下させるようにすると邪魔にならなくなる。するとナンバの体動で走ることも自由自在。身体を捻じらずに胸郭と骨盤の連動が起こせれば、ナンバの応用性は広い。

後は、とにかくいろんな所をナンバ歩きで、歩き回ることです。ナンバ歩きを意識したり、無意識にしたりしながら歩くことです。いつでも、どこでも、着ているものも履いているものも関係なくできるのがナンバ歩きです。さあ、自分なりのナンバ歩きに、磨きをかけていきましょう。

だいたい以上が、ナンバ歩き講習会の内容です。いろんな本や雑誌に文章で、ナンバ歩きを説明してきました。いつも動きを文章で説明するのは、難しいなと感じていました。今回は、ナンバ歩きの講習会では、こうやって進めていますよという講習内容を文章にしてみました。

ナンバ歩きが出来るようになれば、その延長線上にナンバ走りがあるので挑戦してください。ナンバ歩きやナンバ走りに関しては、ユーチューブもあるしＤＶＤも出しているので、そっちの方が解りやすいかもしれません。

そこで、ナンバ走りを、どう活かしたかという実話を紹介します。

２００２年の春に、桐朋学園のバイオリン専攻に全盲の白井崇陽が入学してきました。事務の方から、今度全盲の学生が入ってくるので、授業の方よろしくお願いしますと連絡が入りました。それまでも、弱視や全盲の学生も在籍していたことがあるので、体育の授業自体は全然心配していませんでした。

そして、入学式も終わって、その白井が体育館にいる私のところに現れました。そして、白井はいきなり「矢野先生が陸上競技の専門だということは聞いてきました。三段跳びをやりたいので指導してください」と言います。なんで私のことを知っているのかと尋ねると、筑波大学付属盲学校で指導を受けていた先生が、たまたま筑波大学の陸上部の私の後輩だということで、私のことを聞いてきたらしいのです。

そこで私は「ちょっと待ってくれ、三段跳びをやりたいと言っても、君は目が見えないのだろう」と言うと、「身体障碍者の国民体育大会の盲人の部の立三段跳びで、日本記録で優勝しました」と答えました。

立三段跳びと三段跳びは全く違う競技です。立三段跳びは助走がなく、立って静止している状態からいきなり跳び始めるのです。しかし、三段跳びは、助走してきたスピードを生かして、ホップ・ステップ・ジャンプと三回跳躍するのです。だから「日本一を目指すくらいなら指導はしないよ。それよりも、バイオリン一本で生活できるようにならないといけないだろう」と言いました。すると「バイオリンも一生懸命にやるが、三段跳びで世界を目指したいのです」と返してくるのです。世界を目指すのなら指導しようと了解したのですが、バイオリンの邪魔になってはいけないので、練習は一時間で週2〜3回ということにしました。

それまで、全盲の学生の体育授業は特別コースというのを設定して、個人指導でやってきました。しかし、私も陸上競技の専門は走る方なのに、三段跳びの指導で相手は全盲ときているので、何もかもが手探りでのスタートでした。白井をグランドまでどう誘導すればいいかもわからないので聞くと、肘を貸してくれたら肘に触って一緒に歩けますということで、やっとグランドに出ることができました。

着替えは、靴を履くのは、どこまで手を貸してやればいいのか聞くと、すべて自分で出来ますということでした。白井が自分で出来ることには一切手を出さずに、ただ待っているだけでした。健常者である私が、何でも手を出すと白井が自分で出来ることを邪魔することになるのです。いらぬお節介は、有難迷惑ということです。

障碍者の世話をするときに、何か手助けしてやることは健常者にとって非常に気持ちのいいものなのです。だから、注意しなければならないことがあるのです。障碍者のやりたいことを先回りしてどんどん手をだすのは、健常者が自分の気持ち良さだけのためにやっていることにもなるのです。ハッキリ言うと、独りよがりになっているだけです。障碍者が自分で出来ることを、奪い取ってはいけないのです。障碍者に求められた時だけ、手を貸してやればいいのです。それは充分に気を付けるべきことです。

そして、練習が始まったのですが、走るにはどうするのかと聞かなければならない状態です。まず白井をスタート地点に連れて行って、私がゴール地点に立ちなにか音を出して、白井はその音を目指して走ってくるというのです。なにか犬や猫を呼んでいるようで嫌な気持でしたが、やっと練習が始まりました。手をたたいたり、声を出してみたのですが、どうもしっくりきません。そこで、音楽科なんだからと理由をつけて、カスタネットを使うことにしました。これは、音の響きもいいし、誰も使っていないようだったので、ヨシと気合が入りました。

私がゴール地点でカスタネットを叩いて音を出し、白井がその音に向かって走ってくるのですが、その難しさを想像してみてください。目を閉じて、まっすぐに歩いてくることさえ不可能なくらい難しいのに、それを走ってくるなんて信じられません。風が吹けば音が流れるし、建物に音が反響して音源が解らなくなるしで、大混乱です。それにもまして、通常のランニングフォームでなら、腰のラインと肩のラインがクロスして力の向きが一歩ごとに、左右交互の方向に蛇行し直進するのが難しいのです。それを、われわれ健常者は、目で修正しながらまっすぐ走っているだけです。目を閉じて真っすぐなんて、とても無理です。

そこで、当時研究を始めていたナンバ走りを使うことにしました。白井に、ナンバの説明をして、まずナンバ歩きから始めて、次に徹底的にその場ナンバを行いました。それから、ナンバ走りへと移行していきました。しかし、動きの指導をするのに、相手が目が見えないということは、いかに難しいことかというのを体験しました。模範を見せても、映像を見せても意味がないのです。スポーツの指導で視覚情報を使えないというのは、一種お手上げ状態です。根気のいる作業ですが、言葉と相手の身体を手で動かして、理解できるまで繰り返すしかないのです。そうしないと、動きを理解できないのです。

白井の日常での歩きも、すべてナンバ歩きに変えて、ナンバを身体に馴染ませるようにしました。そして、ナンバ走りにすると、骨盤と胸郭を連動させて右半身と左半身を上下に動かすようにするので、結果的に身体の中心に軸が出来るようになりました。そうすると、走っている時の方向のブレを、かなり抑えられるようになりました。とにかく、腕を前後に振らないようにし、上下に振るようにとうるさく指導したのを思い出します。試合では、公平を期すためにアイマスクを着用しての競技です。だから、練習でも試合同様に、光の情報さえも遮断するアイマスクをつけての練習になりました。

そういう練習を重ねていくと、どんな条件でもだいたい真っすぐに走れるようになったのには、私自身が驚かされました。助走の次は、片脚で踏み切って、ホップ・ステップ・ジャンプです。

まず走ってきて助走をつけて、踏み切って連続ジャンプに移る練習を繰り返しました。ポイントは、助走のスピードを殺さずにジャンプにつなげていくことです。そして、徐々に三段跳びになるように、練習を積んでいきました。練習を積んだと言っても、一時間の練習を週に2〜3回ですから、たいしたことはないのです。

そして、三段跳びの練習で一番難しかったのは、最後のジャンプから着地です。砂場とはいえ、真っ暗闇の中に着地する恐怖は、想像するだけでも恐ろしいものがあります。どこが地面かもわからない、闇の中に着地するのですから。だから、どう指導していいのか案も浮かばず、最後まで着地は下手なままで終わりました。

そうこうするうちに、「試合の申し込みをしました」と白井が言うので、試合に行ってみて試してみれば、すぐに日本ではトップになり優勝することができました。そうなると、世界で勝負したいという気持ちになるのは、当然の成り行きです。

そんな頃に、オランダのアッセンで身体障碍者陸上世界選手権大会が2006年に開催されることになり、その三段跳びの日本代表選手として白井が選ばれました。初めての世界大会で、それもアウェーでの試合で全盲の部の三段跳びで7位になったのは、立派だと思います。メンタルの方は、かなり私がコントロールしました。

そして翌2007年のブラジル・サンパウロで視覚障碍者陸上世界選手権大会が開かれ、三段跳びの日本代表選手としてまた白井が選ばれました。この大会では全盲の部の三段跳びで6位、走り幅跳びでも8位に入賞しました。2年連続で世界大会で入賞したので、その後のパラリンピックにも選ばれると思っていたのですが、なぜか選ばれませんでした。非常に疑問の残る終わり方でした。しかし、一時間練習を週2～3回で、世界大会で入賞したことは誇れると思います。もう少し練習時間がとれたらと思うこともありますが、本業はバイオリン一本で生活できるようにすることですから、やはり納得です。

これがナンバ走りの実際です。何か参考になったでしょうか。

第5章

ナンバ歩きの応用

1 ナンバには動きのすべてが含まれている！

私は、ナンバ歩きを追求してきて、いろんな発見がありました。それは身体のことであったり、心のことであったりと、面白いことだらけでした。ナンバ歩きをしながら、自分自身の方に目を向け身心の変化や驚きに気づけたのです。いままで人間って面白いなと思っていたのに、自分って面白いなが加わったのです。これは、また楽しみが増えたということです。

そうやって取り組んできたナンバ歩きは、最強であるし、何にでも応用可能だと思っています。いつでも、何処でも、どんな格好でも出来るのが、ナンバ歩きですから。そのナンバ歩きを、いろんなことに応用して落とし込んでみました。そして、その効果には、期待以上のものがありました。

ちょっと例を挙げてみると、クラシック音楽の専門学校で、ピアノでもバイオリンでも、フルートでも、楽器から出てくる音を変えるためには、演奏するときの身体の動きを変えるしかないのです。楽器を演奏する身体の動きで、音が創られているのです。その成果は、生徒たちは、音が良くなったので納得してくれています。また、身体への負担が少なくなり、身体の痛みから解放されることでも、喜んでもらっています。音は、身体の動きが生み出しているのです。

そして、みなさんは芸術というのは、才能がものをいう世界だと思っているんじゃないでしょうか。ところが違うのです。私は40年間、桐朋学園で演奏家を目指す生徒たちと触れ合ってきましたが、一人の天才にも出会わなかったのが事実です。すべては、ピントの合った努力の積み重ねだと知りました。若いときに、毎日10時間以上のピントの合った努力を何年も積み重ねた者だけが、いま一流の演奏者として世の中で活躍しているのです。こういう世界に触れると、世の中に天才などいなくて、すべては努力だと納得するしかありません。努力できるのも才能だなどと、屁理屈は止めてくださいよ。

次に、ナンバ歩きをスポーツに応用しました。陸上競技、バスケットボール、サッカーなど走りや技術練習に、ナンバ歩きからの応用で、効率を良くするようなヒントを伝えてきました。スポーツの動きの見直しにも、ナンバ歩きは応用できます。しかし、スポーツ指導者や選手が、ナンバと聞くだけで関心を示さないのも事実です。彼らは、いつも新しいものだけを求めているようですが、古きを訪ねることを忘れると、落とし穴に堕ちるのではと心配しています。

以前「飛びだせ科学くん」という番組で、ナンバ走りは本当に有効かという取材に答えました。ショコタンとカンニング竹山に、自分の走りでの50メートル全力疾走とナンバ走りでの全力疾走

コンパクトで素早い体動

身体を捻じる一般的な動き

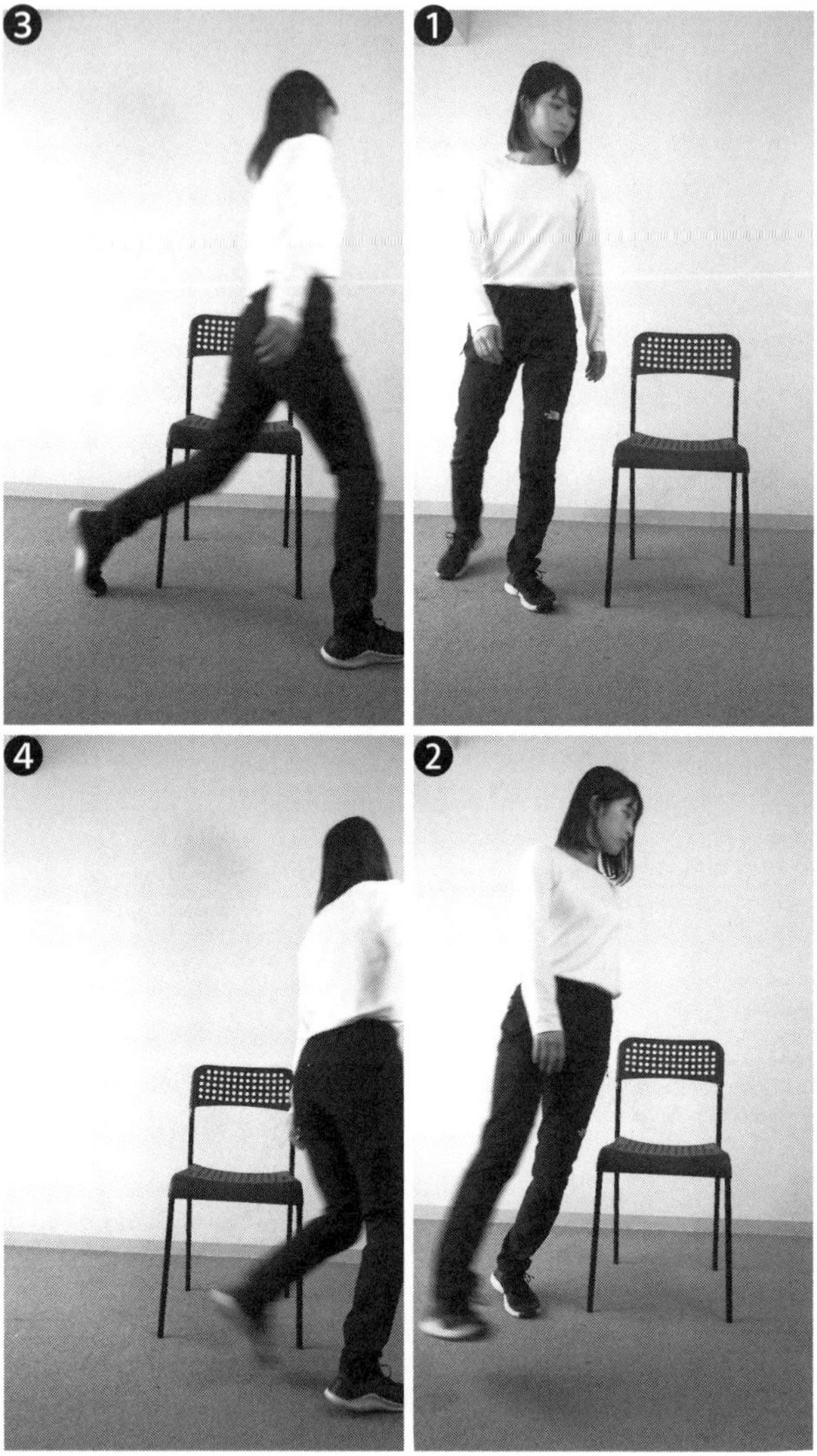

椅子を障害物に見立てて、それを回り込む動きを比較すると、一般的な動き（本ページ写真）に比べて捻じらないナンバの動き（次ページ写真）は、自然にコンパクトで素早いものになる。さまざまなスポーツにも、芸術にも、日常所作にも応用できる身体合理がここにある。

応用性大!

捻じらないナンバの動き

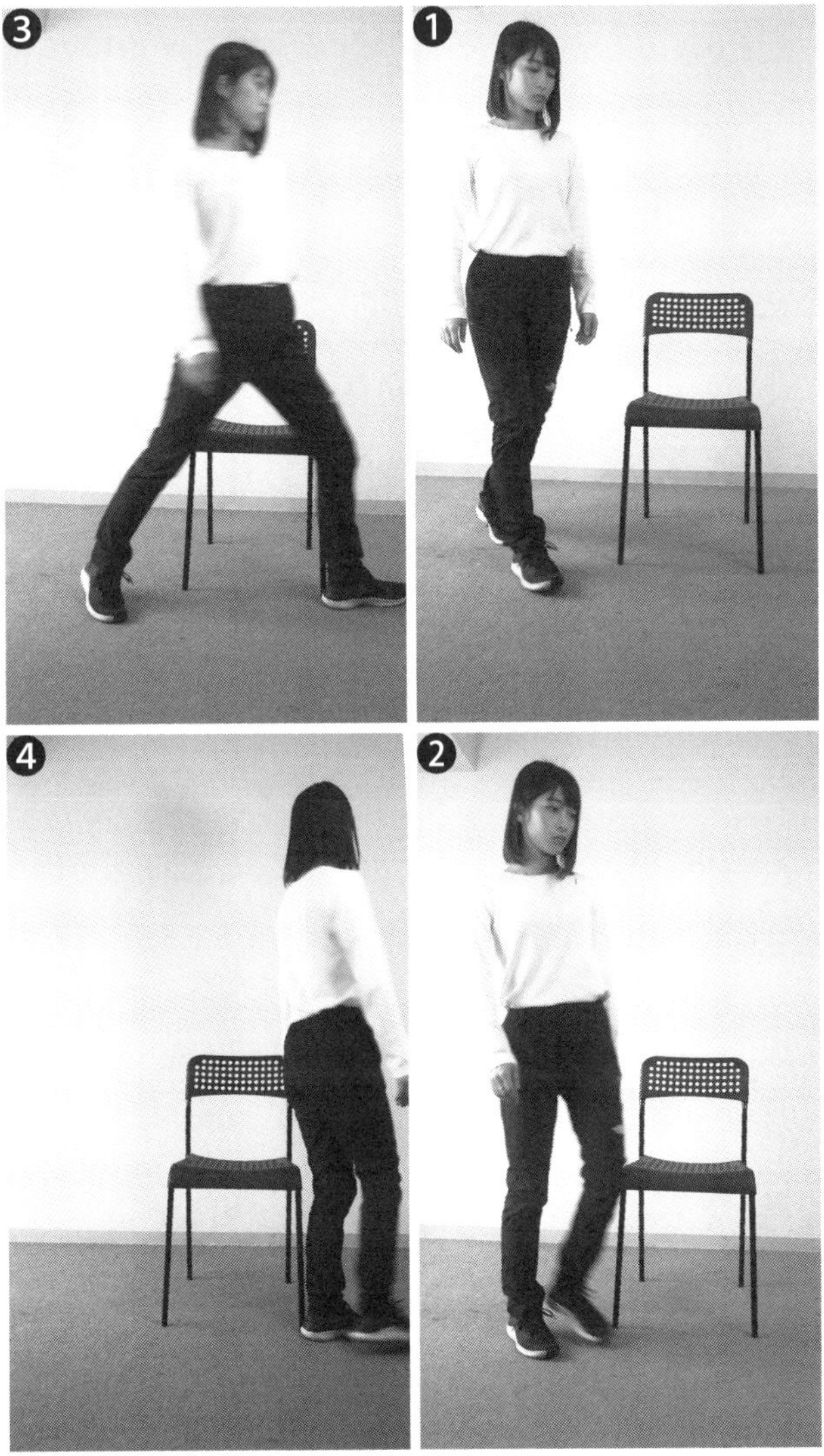

10秒間の“その場ナンバ”で体動が変わる！

ナンバが身に付いていないうちは「ナンバ走りをしよう」としても難しさがあるが、走る直前に10秒間ほど全力で〝その場ナンバ〟を行ってから走ると、むしろ意識せずとも自然に「ナンバ走り」になっている。いろいろ応用してほしい効果的な〝ナンバインストール術〟。

❶

❷

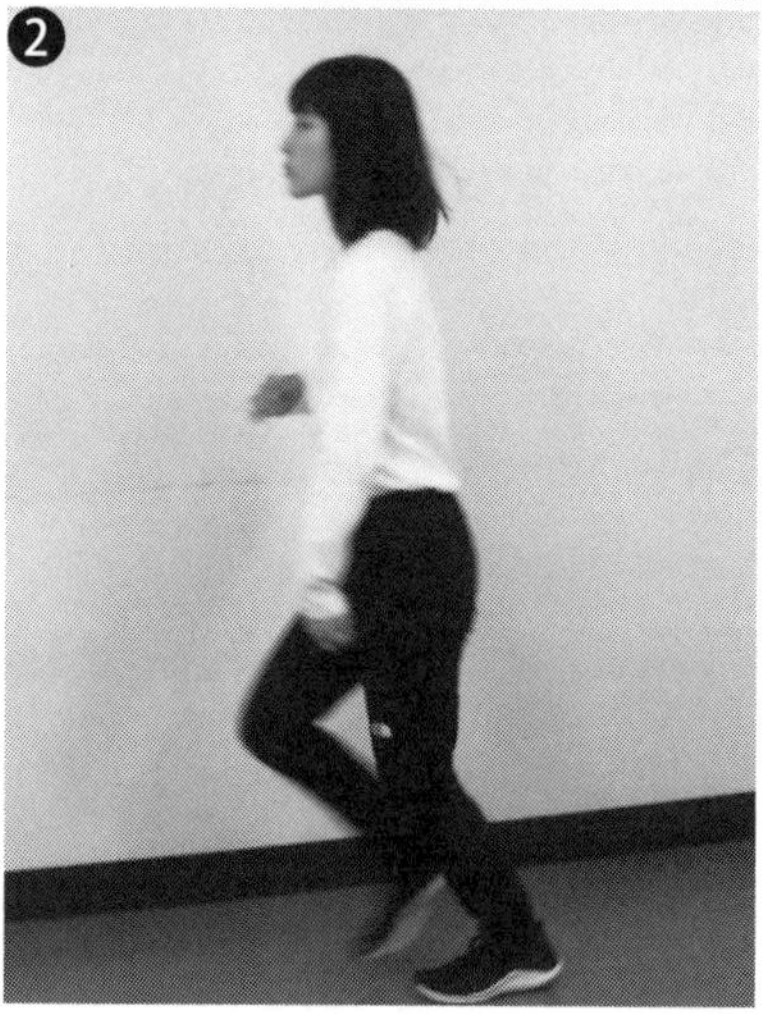

10秒間全速で
“その場ナンバ”

を公認審判員のもと比べてもらいました。まず、自分の走りで全力疾走をし、ナンバ走りを指導し10秒間の全力での〝その場ナンバ〟を行って走ってもらいました。その結果、ナンバ走りの方が早かったということを、番組で放映してもらいました。

スポーツでは、陸上競技、サッカー、バスケなどにナンバの指導をして、走りにナンバをどうやって取り入れるかを検討してきました。そこで、走る練習の前に、10秒間の全速〝その場ナンバ〟を行ってから走るのが有効と思っています。これは、全速で〝その場ナンバ〟を行うことによって、肩の前後への振りによる捻じれを、抑える効果があるのでしょう。その場ナンバで、骨盤と胸郭を上下に連動する動きをすることにより、身体がその感覚を覚えているものと思われます。

だから、練習中でも、走る前には、〝その場ナンバ〟を頻繁に行うようにすれば、だんだん胸郭と骨盤を上下に連動できるようになると考えられます。ちょっとナンバ的要素を取り入れるだけで、走りが変わりますから。試してみてください。

クラシック・バレエや社交ダンスなどにも、動きの改善のヒントを、ナンバ歩きをもって応えてきました。ナンバは、踊りにも応用できます。阿波踊りや「よさこい」も、古くからのナンバの動きなのですから。

ちょっと変わったところでは、農協の依頼で、草刈り機を使う時の身体の動きを、ナンバ歩きからのヒントで、楽にすることもしました。日常の辛い肉体労働は難場（ナンバ）と考えられるので、それを創意工夫して乗り切るのがナンバの技術ですから、ナンバ歩きは役に立ちます。

二分脊椎症や脳性マヒなどのリハビリにもナンバ歩きをもとにして、動きや症状の改善も行ってきました。リハビリにも応用できます。ナンバ式骨体操で、気持ちのいい方向や範囲にだけ動かす、という原理が役に立ちます。これは、思っていた以上の効果が出て驚きました。

難しい状況を、創意工夫して切り抜けるというナンバの考え方から、メンタル・コントロールも生まれてきました。どういう状況で困っているかが解れば、それを乗り越える方法を考えて実行すればいいのです。ものの見方や考え方を増やしていって、対応するということです。これも、いろんな分野に応用可能です。

日常生活のさまざまな動きの改善や痛みからの解放として、ナンバ歩きからの動きのヒントを紹介してきました。

どういうふうにナンバ歩きを応用したかは、ここでは詳しく述べません。皆さんが、ナンバ歩きを応用しようとしたとき、前例として邪魔になっては失礼ですから。それに、皆さんが試行錯誤し、いろんな失敗を重ねて、苦労して答えにたどり着く喜びを奪うほど野暮ではありません。しかし他人事だと突き放す気もなく、いつも寄り添っていますから、考え方くらいは紹介します。

ナンバ歩きを磨いて深めていくと、動きの全てが含まれていることに気が付くと思います。だから、これから改善しようとしている姿勢や動きに、ナンバ的な要素を少し加えるだけでも効果が表れます。注意してもらいたいのは、全部をナンバ的に変えるということではないのです。慌ててはいけません。

何度も述べてきたのですが、姿勢や動きはその人のクセなので、変えることはできます。しかし、一度に全てを変えると、拒否反応を起こしナンバ的なものが無理や無駄の原因となりかねません。何事に関しても即席では、副作用がでるものです。急がないで、少しずつ馴染ませていくことです。じっと待っていれば、結果や答えは出てきますから。

最初の段階では、姿勢や動きの中から無理や無駄を見抜き、どう取り除いていくかを考えます。姿勢や動きの中の無理や無駄というのは、身体に余計な負荷がかかり、その結果として違和感や痛みが生じるということです。この苦しさから、解放してやりたいものです。また、パフォーマンスに対しても、無理や無駄はブレーキ的に働くので要注意です。このブレーキを外せば、必ずパフォーマンスは上がります。

姿勢や動きの無理や無駄に気付くためには、よく観察することです。その時に注意しなければならないのは、姿勢や動きに対する、先入観や固定観念、思い込み、常識などに囚われないで、頭を白紙の状態にして観察することです。その姿勢や動きが自然であるか、滑らかであるか、美しいかを一応の基準にして、とにかく観察です。そして注意しておくのは、初心者なのか中級者なのか上級者なのかというレベルです。このレベルによって、動きが違うのを頭に入れておくことです。

そのためには普段から、いろんな姿勢や動きに関心を持って、観察するクセをつけることです。部屋にこもっていては何も観察できません、外へ出ることです。観察対象は、いくらでもいるはずです。できるだけ多くの人の姿勢や動きを観察していると、何となく「良い・悪い」の境目が見えてきます。その何となくを、説明できるようにするのです。さあ一歩目を踏み出しましょう。

2 ナンバを身に付けるために

私は、人にああしろ、こうしろと言うのは好きじゃないし、したくないのです。要は、本人に好奇心があるかどうかです。好奇心というのも、学校教育でかなり摘み取られています。学校では覚えることが最優先で、覚えたかどうかを試験で試されます。とにかく覚えることで、いろんな評価をされるし、次への進路まで決まってきます。人生は覚えたもの勝ちではないかと、学校で洗脳されます。私は間違っていると思っています。自分で楽しいことを探したり、面白いことを探す方がずっと大事なことだと信じています。しかし、好奇心のままでは、学校で落ちこぼれになる恐れがあるのです。これもおかしい。

だから学校教育で、好奇心を骨抜きにされている人が多いのです。あなたの好奇心は、大丈夫でしょうか。どうせ生きているのなら、楽しいことや面白いことを探して、それに打ち込んだほうが良いに決まっています。私は、少々頭が弱いのですが、好奇心のまま楽しく生きています。好奇心のない人は、面白いことが見つけられず、楽しいことが見つけられず、ただ退屈の中をさまようだけの人生になりますから注意してください。それくらい好奇心は大事なのです。没頭できるものを見つけられると、ネガティヴにはならないでいられますよ。

そこで姿勢や動きです。この姿勢や動きを、軽くとらえてはいけません。あなたの今の気分や考え方、感じ方はどうですか。それらは、すべて姿勢や動きが基になっているのです。身体が、脳や心に働きかけているのです。姿勢や動きを変えれば、気分が変わるし、考え方が変わるし、感じ方が変わるのです。身体が最優先なのです。ここから先は、好奇心が湧いてきた人だけが読んでください。

姿勢や動きを観察していて、「変だな、おかしいな」という感覚を大事にしてください。その「変だな、おかしいな」の原因を探っていくのです。何につけても「変だな、おかしいな」が始発点で、ここから始まるのです。「変だな、おかしいな」がなかったり、見落としたりすれば、何も始まらず現状維持のままです。

なぜ「変なのか、おかしいのか」という疑問を持ち、それを解決するのです。疑問という課題を自分で見つけ、それを自分で解決して答えにたどり着くのです。これが好奇心から探求心への進歩で面白いのです。また、こういう事が勉強するということだと思います。こういうことなら、時間を忘れ、腹が減るのも忘れて取り組めます。しかし、学校では勉強ではなく、覚えることばかりだからツマラナイのです。

ナンバ的に考えると姿勢や動きに、全身が連動しているかどうかという物差しで見てみます。「捻じれ」があったり「うねり」があると、全身の連動が妨げられるので違和感が生まれます。

また「頑張り感、踏ん張り感」があると、見ているこっちまで疲れます。それは、頑張り感というのは、無理や無駄が表面まで現れてきているということです。もっとさり気なくやっても、同じことができるはずです。そこで、ナンバでは、出来るだけ「捻じらない」「うねらない」「踏ん張らない」を標語に、姿勢や動きを観察するようにします。

次に、姿勢や動きから、身体の声を聞き痛みをコーチにするようにします。姿勢や動きを長時間続けた後、身体に「気持ちいいかどうか」聞いてみます。そこで、気持ちよくないとか痛みがあるとかであれば、姿勢や動きの点検です。筋肉意識で、姿勢や動きをコントロールしていないかどうかを確認し。姿勢や動きは、骨意識でコントロールするように運動意識を変えていくようにします。骨意識に変えていくということは、身体の表面から動かすのではなく、もっと身体の内部から動くという感覚に近くなります。

そして、全身を連動させて動いていれば、疲労も全身に拡散されるはずです。そうすれば、爽快感さえ感じられるのです。どこか局部に負担がかかる姿勢や動きは、見直す必要があります。いつも、身体の状態に注意を向けておきます。違和感や痛みが出てきたときは、身体が嫌がっている姿勢や動きをしているのだと、素直に反省することです。そこで、どうすれば局部に負担がかからないかという、パズルに挑戦するのです。そうやって、身体を遊び感覚で動かしていたら、そのうち動きがピタリとハマることもあるのです。

一つ注意しておきたいのは、指導したりアドバイスしたりするときに、教えすぎないということです。どんな分野にも、教え魔という人たちがたくさんいます。とにかく自分の知っていることは全部吐き出して教えなければと、相手のことを考えない人たちです。それでは、ありがた迷惑なだけで、何の役にも立ちません。まず、相手の技術レベルを見て、ポイントを一つ伝えるだけで充分です。一度にたくさんのことを言われると、混乱するだけです。相手を混乱させるくらいなら、沈黙を守るべきです。一つのアドバイスを与え、それが解決したら次のアドバイスです。教えすぎは、すべてを壊してしまうので注意してください。

こうして取り組んでいったら、ナンバ歩きを他の分野に、応用し落とし込むことができると思います。この作業の面白さは、試行錯誤があり、創意工夫があり、失敗があり、飛躍がありと、ワクワク・ウキウキすることが満載なのです。この作業に夢中になれなかったら、何に夢中になれるというんでしょう。それだけ、面白く、楽しい作業ですから、ぜひ。

著者
矢野龍彦 （やの たつひこ）

1952年生まれ。ナンバ術協会最高師範。筑波大学体育学修士課程コーチ学修了。桐朋学園大学教授。陸上競技上級コーチ。メンタルトレーニング、身心コントロール、シェイプアップ、コーチング、健康教育などの授業を担当し、杏林大学バスケットボール部のコーチを務める。ナンバ術協会を立ち上げ、「ナンバ」の動きをさまざまな動きに取り入れ、よりよい生活を営む知恵を広く提唱している。

著書
『すごい! ナンバ歩き』（河出書房新社）、『ナンバ式!元気生活 疲れをしらない生活術』（ミシマ社）、『「ナンバ走り」を体得するためのトレーニング スポーツ新基本』（MCプレス）、他多数。
DVD
『本当のナンバ歩き』（BABジャパン）

モデル
奈良岡裕子 （ならおか ゆうこ）

桐朋学園音楽学部を卒業後、ボストン音楽院に奨学金を取得し入学。2020年5月にボストン音楽院を卒業。
これまでに、田中千香士音楽祭、北九州国際音楽祭など様々な音楽祭にオーケストラメンバーとして出演。ボストン音楽院の演奏会にてコンサートミストレスを務める。秩父国際音楽祭ではソリストとしてフェスティバルオーケストラと共演。また、成績優秀者による桐朋学園室内楽演奏会、Millenial Chamber Music Recital in Boston に出演。2022年にはNaoya Iwaki Pops Orchestra のメンバーとしてBlue Note Tokyoにて演奏。現在は、日本のプロオーケストラやスタジオレコーディング等、幅広く演奏活動をしている。自身の音楽教室も立ち上げ後進の指導も精力的に行なっている。

装幀：梅村昇史
本文デザイン：中島啓子

すごい！ ナンバ術

疲れず、無理なく、素早い動きに変わる！

2024 年 2 月 10 日　初版第 1 刷発行

著　　者　矢野 龍彦
発 行 者　東口 敏郎
発 行 所　株式会社ＢＡＢジャパン
〒 151-0073 東京都渋谷区笹塚 1-30-11 ４・５F
TEL　03-3469-0135　　FAX　03-3469-0162
URL　http://www.bab.co.jp/
E-mail　shop@bab.co.jp
郵便振替 00140-7-116767
印刷・製本　中央精版印刷株式会社

ISBN978-4-8142-0601-8　C2075

動きがスムーズになる！驚きの身体操法!!

"よく動くカラダ"を手に入れる!

書籍　張力フレックストレーニング

40代からは、筋トレするな！ カラダが衰え始めたかと思うころ、すべきトレーニングは若いころと同じなはずがありません。カラダはまだまだ進化できます！ 快適さのないトレーニングを頑張って、カラダをダメにしていませんか？ 縮める→筋力トレーニングから、伸ばす→張力トレーニングへ！

●日高靖夫 著　●四六判　● 192 頁　●本体 1,400 円＋税

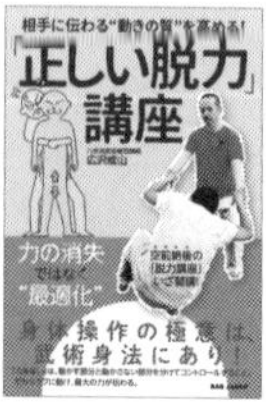

相手に伝わる"動きの質"を高める!

書籍　「正しい脱力」講座

力の消失ではなく"最適化"。「力まない」ことは「力の消失」ではない。動かす部分と動かさない部分を分け、適切にコントロールすることだ。それによってラクに動け、最大の力が伝わる。武術、スポーツ、芸事はもちろん、日常動作でも使える。空前絶後の「脱力講座」、いざ開講！

●広沢成山 著　●四六判　● 216 頁　●本体 1,500 円＋税

深く・鋭く・美しく

書籍　日本人の呼吸術

普段の呼吸が深くなる！ 虚無僧尺八奏者が教える優れた日本古来の呼吸術。本当に理想的な呼吸は、表面的には体を動かさず、"中"を働かせて無理なく深く吸い吐きが行えること。健康にも精神安定にも運動性能向上にもなる、理想的な"日本人の呼吸法"を完全紹介!!

●中村明一 著　●四六判　● 188 頁　●本体 1,500 円＋税

身体マネジメントの極意　バランス力が動きをアップグレード

書籍　最高の操体法

上手くなる人は、みんなやっている。バランス力を上げるだけで、あなたの実力は倍増する！ 誰もが無自覚に抱えてしまっている、身体の偏り。これをなくすだけで、あらゆる動きがスムーズになり、"伸び悩み"も"不調"も一気に解決！ 上達に一番必要だったものは、「操体法」がもたらす"バランス"だったのです!!

●操体バランス協会 著　●四六判　● 184 頁　●本体 1,500 円＋税

走る・投げる・突く・蹴る・触れる… 動作別エネルギーの通し方

書籍　運動センスを一瞬で上げる!

"神経回路"が組み替わる！気持ち良く動き、力も速さもアップ！アートマイムの探求から辿り着いた、筋力を超える身体動作の極意。あらゆるスポーツ、武術、ダンス、演技を一気に底上げする運動神経の高め方を、具体的に紹介！「動き」の種類別にわかりやすく解説！ 筋トレ、ストレッチ以前のレベルを高める！

● JIDAI 著　● A5 判　● 232 頁　●本体 1,600 円＋税